哈佛女孩养成记

看 "放养" 的孩子如何走进世界名校

秋野玉茜 编著

中国纺织出版社

图书在版编目（ＣＩＰ）数据

哈佛女孩养成记：看"放养"的孩子如何走进世界

名校／秋野玉茜编著. —北京：中国纺织出版社，

2018.7（2018.12重印）

ISBN 978-7-5180-5301-8

Ⅰ. ①哈…　Ⅱ. ①秋…　Ⅲ. ①家庭教育-经验-中国

Ⅳ. ①G789.2

中国版本图书馆CIP数据核字（2018）第183685号

责任编辑：郭　婷　责任印制：储志伟　美编：晏子茹

中国纺织出版社出版发行

地　　址：北京市朝阳区百子湾东里A407号楼　邮政编码：100124

销售电话：010-67004422　传真：010-87155801

http：//www.c-textilep.com

E-mail: faxing@c-textilep.com

中国纺织出版社天猫旗舰店

官方微博 http://weibo.com/2119887771

北京云浩印刷有限责任公司印刷　各地新华书店经销

2018年12月第1版第2次印刷

开　　本：787×1092　1/16　印张：12.5

字　　数：195千字　定价：29.80元

推 荐 序 一

　　我自己参加过高考、出国考试等等一系列考试，经历过国内 211 院校本科学习和悉尼大学的硕士留学生涯。我深知留学是打开视野的一种方式，中西方教育体系科学结合是培养国际化人才的必经之路。学英语、出国留学，并不是想把中国孩子变成外国人，而是要让中国孩子能多一个跟世界对话的工具，具备与世界交流的能力。

　　升学、出国、开拓事业，有不同的方式，但是每一个成功经验都值得我们借鉴。在丁丽晴的求学过程中，我们看到了积极向上的人生态度和主动热情的社会实践。富有社会责任感的人，不仅学校欢迎，用人单位，甚至整个社会都会欢迎。这才是幸福的基础。

　　这也是我，既是老师又是家长，多年的心愿。

　　认真向各位家长和学生推荐此书。

学为贵教育集团

刘洪波

推 荐 序 二

对于孩子的培养，有不同的观念，作为家长，最终是希望孩子幸福。

秋野玉茜女士，亲自见证了哈佛女孩丁丽晴的申请过程，并在随后的时间里，了解了她的事业发展，深知她不仅学习优秀，事业进步，而且生活幸福。这是很多家长和孩子想了解和借鉴的内容。作为资深留学专家，玉茜见过很多通过追求梦想获得幸福的孩子。其中的经验，值得我们仔细品味。幸福的理由有一万种，但是追求幸福的规律却很相似。玉茜女士希望把她所看到的和经历到的，分享给更多的家长和孩子，这也就是这本书出版的首要价值。

刘洪波老师既是一位家长，也是一位教育工作者，现任学为贵教育集团的掌门。他的教育理念之一，就是做世界人，给孩子和家长更广阔的视野，让每个孩子都有机会获得适合自己的教育模式。所以"学为贵"一方面有资深的语言培训体系，另一方面有科学的留学申请业务。作为孩子家长，刘老师也希望更多的孩子少走弯路，这是他强烈推荐本书的重要原因。

我的女儿，也开始参加出国考试了，书里的很多观念给了我很大启示。我认真将此书推荐给广大读者。

吕蕾微信公众号：lvlei1973

吕蕾微博：http://weibo.com/lvlei1973

吕蕾博客：http://blog.sina.com.cn/wonderfullei

一直播：76304044

序

中国女孩丁丽晴先后获得哈佛大学、宾夕法尼亚大学沃顿商学院、斯坦福大学、哥伦比亚大学和加州理工大学的本科录取通知书。通过长时间近距离观察和采访丁丽晴的父母，我发觉他们拥有看似不可思议，实则暗藏玄机的中国教育智慧，我希望能通过文字再现和还原日常生活中"放养"教育的细节，以期能给中国的父母们一定的启发。

无独有偶，耶鲁"虎妈"蔡美儿所代表的"圈养"教育模式也被媒体大肆宣扬。虎妈，美国耶鲁大学的华裔教授，原名蔡美儿，她出版的《虎妈战歌》一书在美国曾引起轰动。书中的"虎妈十大家规"被人们广泛热议，比如：不准在同学家留宿，不准留在学校玩，不准看电视或玩电脑游戏，每门功课至少得到 A，必须学习钢琴或小提琴等。书中还讲述了她不准女儿在练琴时喝水、上厕所等经历。她坚持"中国妈妈"不同于西方观念的育儿方式，她认为西方人对孩子的宽容超过了对孩子的教育，恰当执行东方严格家教方式，更有助于孩子未来的发展。

我欣赏中庸的教育模式。总体来说，东方的教育模式偏严格、重管理，强调学生基础知识和技能的培养，而西方的教育则偏自由、宽松，更注重学生个性化和创造力的挖掘。无论是蔡美儿教授宣扬的"圈养"，还是丁丽晴父母提倡的"放养"，重要的是要看哪种教育方法更适合孩子的成长。

有些父母一旦没有更好的办法，他们通常就会认为：可以通过严格管理、反复操练、机械式劳动，让孩子取得较好的成绩，否则孩子就会不自觉、不努力。而事实是，并不是所有孩子都是一样的。如果真的把孩子逼得太死、管得太严，反而会导致教育的悲剧。机缘巧合，丁丽晴的教育经历是中西合璧的，所以可以说深得中庸教育的精髓。通过和丁丽晴的交流，我也能够深刻地体会到，东西方两种不同的教育模式带给她的这份独特的优秀。

无论是"圈养"的索菲亚，还是"放养"的丁丽晴，两个孩子都成功被世界顶尖名校哈佛大学录取了。那么，很多家长有疑问：到底是虎妈蔡美儿的教育方式更胜一筹，丁丽晴父母的教子之道棋高一着呢？

　　诚然，成功的标准有很多，哈佛大学所能代表的也仅仅是其中的一项。但是我们必须承认，美国包括哈佛大学在内的常春藤大学，以及英国包括牛津大学在内的顶尖名校，他们的学员招生标准正是当今世界选拔优秀人才的最高标准。那么，你知道吗，在常春藤校长和招生主任眼中，何为优秀呢？究竟是"放养"好，还是"圈养"胜？

　　本书首次独家收录美国常春藤大学招生主任、英国顶尖大学招生主任、被五所世界顶级名校录取的天才学生、朴实的家长、国内知名教育人的观点和理念，多角度深刻揭示"放养"的独特教育魅力！

　　在本书编写过程中，陆新之、孟楠、丁增安、布春菊、丁丽晴都参与了资料的收集和整理工作，在此一并表示感谢。

目　录

附 录　学长有话说

第一章

"放养的孩子上哈佛"
引发对中西方教育的热议

　　从小被"放养"教育的中国女孩丁丽晴同时被哈佛大学、宾夕法尼亚大学沃顿商学院、斯坦福大学、哥伦比亚大学、加州理工学院等五所世界顶尖名校录取，一时间在网络上掀起了不小的波澜。

　　而大洋彼岸的"虎妈"也同样培养出了考取哈佛大学的女儿，但她用的方法是与丁家截然不同的"圈养式"。

　　谁才是当下中国教育的真实写照？谁的理念才该被当今世界奉为教育圣经？请看老丁夫妇的"放养式"与虎妈的"圈养式"之间的终极对决！

教育理念的终极对决

——虎妈"圈养式"与丁家"放养式"

"虎妈击中了美国人的软肋；我们对中国和其他新兴国家心存担忧，害怕输给他们，担心我们的下一代在全球经济竞争中，没有做好准备。而中国虎妈们教育出的孩子，似乎注定是要统治世界的。"

选自美国《时代周刊》

耶鲁虎妈的"圈养式"教育

虎妈，美国耶鲁大学的华裔教授。原名蔡美儿，她曾出版了一本名叫《虎妈战歌》的书，在美国引起轰动。7岁的女儿，因为一首钢琴曲弹不好就被强迫饿着肚子一直练到夜里，中间不许喝水或上厕所。这种苛刻的教育方法，被蔡美儿教授写在自己的育儿经上，引爆了全世界对于东西方教育方式的大讨论。

蔡美儿为两个女儿制订了十大家规，自称"采用咒骂、威胁、'贿赂'、利诱等种种手段，要求孩子沿着父母为其选择的道路努力"。书中的"虎妈十大家规"引起国内外广泛热议，比如：不准在外过夜、不准参加玩伴聚会、不准参加校园演出、不准抱怨不能参加校园演出、不准看电视或玩电脑游戏、不准擅自选择自己喜欢的课外活动、不准任何一门功课的学习成绩低于A、不准在除体育与话剧外的其他科目拿不到第一、不准练习钢琴及小提琴以外的乐器、不准在某一天没有练习钢琴或小提琴。

最让人称奇的是，华裔"虎妈"的教育竟然富有成效！她的大女儿索菲亚考取了哈佛大学。

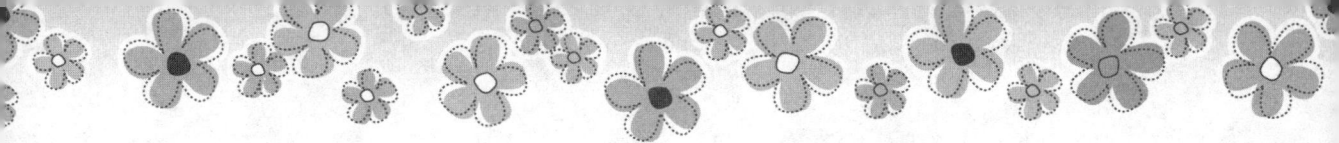

丁家的"放养式"教育

中国女孩丁丽晴先后获得哈佛大学、宾夕法尼亚大学沃顿商学院、斯坦福大学、哥伦比亚大学和加州理工大学的本科录取通知书。最终,立志攻读商科的丁丽晴选择了哈佛大学。

父亲丁增安、母亲布春菊,被我亲切地称为"老丁夫妇"。他们在生活中的处事方式是保持平衡,所以他们不是"工作狂"。他们靠自我奋斗实现了财务自由,所以非常享受生活。而且他们的富裕生活并不是借由某一次成功的投机行为产生的,而是一天一天最朴实的辛苦耕耘、打拼——当然最重要的,还是清晰的生活智慧。有意思的是,跟老丁夫妇交谈使我理解到,生意场上或许不只是唯利是图、尔虞我诈的周旋,相反,满足他人的需要,并从中获得成功和满足感才能是历久弥坚的。老丁夫妇的处世智慧也同样体现在对子女的教育上:"在特殊情况下可以不完成作业""成绩及格就好""可以对家长说'不'""在适当的时候鼓励女儿谈恋爱"……老丁夫妇教育女儿的方法看起来很不可思议,对女儿处于放养模式。这看似荒诞不经又暗藏玄机的教育智慧的确值得深究。

1996年春,不到4岁的丁丽晴随父母移民加拿大,这个家庭原本的计划是在加拿大能安顿下来,给孩子一个良好的学习环境,做父母的可以如园丁般呵护女儿的成长。但计划总归是计划,在加拿大生活不到两年,丁丽晴的父亲因为生意原因又回到了北京。自此,丁丽晴就如吉卜赛女孩那样到处游学。她去过12个国家,在17所学校上过课。幸运的是,频繁的转学并没有影响到她,反而增加了她的见识。在她的字典里,学习是快乐的。丁丽晴在学校参加过划船比赛,担任学校乐队的吹笛手,并且是校学生商业协会的会长。她利用数学知识在当地的一所公共学校辅导同龄人和低年级的学生,到多伦多公立图书馆做义工。她的英文作文被老师当作范文在班上传阅,演讲能力也因此大幅提高,她曾在多伦多私校联盟辩论会上赢得第8名。活动不断的丁丽晴在学业上战绩依然傲人,她的SAT1考出了2400分的满分。要知道得到SAT1的满分是非常罕见的。

"我可不会像蔡美儿那样",丁妈妈的态度鲜明,"孩子的身心健康远比哈佛大学录

取通知书来得重要。我们都不会给孩子太大压力，父母把握住大方向就可以了，还是应该让孩子自由地成长，天性能得到尽情地释放。"

和中非混血儿、长期居住在美国的蔡美儿相比，同样也是移民身份，曾在中国搞过金融、房地产，并成功创立了知名国内教育品牌的老丁夫妇，在教育子女方面有自己的独到见解。在谈到如何教育自己的孩子时，丁妈妈特别强调不会给孩子太大压力，"我希望孩子有自己的主见，独立地处理问题和生活，选择自己真正喜欢的，发挥自己的特长。我不会剥夺孩子犯错误的权利。"

丁妈妈不止一次地坦白道："我得承认，如果没有中西方两种教育模式的结合，或许我的女儿只能入读美国前五十的院校，而不能有机会去读哈佛；并且最可怕的是，她有可能不会再视学习为一件快乐的事情，当然后者才是我最不愿意看到的。"正是因为父母工作的关系，机缘巧合之下，才给丽晴提供了一个能够将中西方教育完美结合的成长平台。

老丁夫妇认为，东西方的不同教育方式的差异是客观存在的，针对个体的教育，不妨找出两者的共同点，有礼、有节、有制地借鉴引用，从而使每个家庭的教育能够得到真正意义上的优化。

教育最讲究个性化

新浪网日前所做的一项调查显示，94.9%的人感觉身边就有像"虎妈"这样严格教育孩子的母亲。调查还显示，55.1%的人赞同"虎妈"严格教育孩子的方式，37.3%的人持反对态度。

宽高教育董事长、教育专家王金战认为，"放养""圈养"均有一定的可取之处，从这两个案例看，孩子最终都进入了名校，说明两对父母截然不同的教育方式基本还是适合他们自己子女的。但无论是老丁夫妇的"放养式"还是"虎妈"的"圈养式"，都是教育个案，广大家长可以从中得到一定的启发，但是不能照搬。教育是最讲究个性化的，只有根据孩子特点实施的教育，才是最适合的教育，"一千个孩子有一千种教育方法"。

老丁夫妇对此也有清醒的认识，他们总结出了一个不等式：刻苦学习 ≠ 考试好成绩 ≠ 名校录取 ≠ 有"钱途"的工作 ≠ 幸福的生活。丁妈妈明确地表示："孩子考上哈佛属于意外之喜，考上固然很好，但给孩子一个美丽的童年比考上哈佛大学更重要。"

家庭教育应"少管，多引导"

在网络上的一个家长论坛里，有一位家长的留言是这样的：星期天的清晨，八点以前走在大街上的孩子，80% 以上是去各式各样的辅导班上课……这段话引发了很多家长的共鸣。面对小升初、中考、高考的层层压力，很多孩子从小就要上各式各样的培训班，从奥数、英语等文化课，到音乐、美术、体育等特长课程，搞得孩子很累，家长心疼之余也很无奈。家住北京朝阳区的一位胡姓家长感慨地说，自己也想给孩子一个美好的童年，"但是童年美好了，孩子的将来恐怕就不美好了"。

王金战对此不以为然。作为人大附中的名师，他的很多学生考上了北大、清华以及牛津、哈佛等名校。据他了解，这些孩子的父母大多是对孩子管教得比较松的，这并非因为他们的孩子天生优秀，用不着怎么操心，而是他们教育得法，具体表现为对孩子管得少，引导多。"孩子们需要'智慧型'的父母。"王金战说。家长要善于学习，找到适合自己孩子的教育方法。

他同时强调，有的家长对成功的定义比较狭隘，以为孩子考上名校就是万事大吉，其实这种成功只能算是阶段性的。"广大家长对成功的定义应该更丰富多样一些。事实上，就教育而言，孩子身心健康就是最大的成功。"

专家观点

※ 留学服务行业会长——桑鹏

研究丁丽晴的案例，很多人都会注意到她的成绩非常优秀：SAT1 考了满分——2400分。即便是美国本土学生，如此优异的成绩也是少见的。有的家长和学生或许就此认为像哈佛大学这样的美国名校也是唯分数论。其实并非如此。事实上，每年我们都能发现一些 SAT 满分的所谓"优等生"被美国名校拒录的案例。

美国名校真正青睐的是各方面都出类拔萃的学生，包括具有奉献精神、社会责任感、道德高尚、具有领导才能等，考试成绩是次要因素。成绩极其优秀当然也好，但在美国名校眼中，这只能说明学生善于应付考试而已。学生回报社会的理想和能力才是美国名校最为看重的,这就需要学生在中学时拥有足够出色的社会活动证明,包括参加志愿者服务、社区服务、发明创造等。在欧美国家教育机制下,学生很容易获得这类机会,但中国学生就比较难做到。最近几年,哈佛大学每年在中国大陆招收大约10个本科生,通过研究这些孩子的履历可以发现,他们大部分拥有国际学习经历,很多人事实上是在美国读的高中。

※ 国际教育研究专家、中国与全球化研究中心主任——王辉耀

家庭教育与学校教育应形成互补。因为中考、高考这类硬性考核标准的存在,国内的中小学教育仍难摆脱应试教育的窠臼。很多家长在教育大环境影响下,对子女只能采取较为严苛的家庭教育;与此相对应的是,以美国为代表的欧美国家在中小学阶段实行较为宽松的教育模式,家长对孩子的家庭教育也往往采取"放养"。不难发现,无论国内还是国外,学校教育和家庭教育都存在一边倒的情况:要么两者都紧,要么都松。这两种情况无疑都存在一定的不足:过于严苛容易给学生造成太大的压力,扼杀学生的创造力;过于宽松则让学生学习的动力不足,缺乏足够的勤奋和扎实的基本功。

随着全球化浪潮的推进,家长在培养孩子时应当更加具备国际视野,如果条件允许,应该尽量让孩子接触不同文化背景下的教育模式,游学便是一种很好的方式。丁丽晴中小学时到处游学就是很好的例证。

※ 教育学者——熊丙奇

学校不能千校一面,家庭教育更不能千家一面,每个孩子的个性、兴趣不同,家庭的环境不同,适合自己的才是最好的,不能简单地模仿他人的教育方法。

※ 《参考消息》主编——杨国营

其实无论是"放养"还是"圈养",家长的目标都一样:望子成龙。家长的心情可以理解,但不能损害孩子的身心健康。在这一前提下,家长可以从自己孩子的实际情况出发,选择合适的教育方式。就大多数孩子而言,宽严相济应该是合适的。个中分寸,需要家长自己把握。

※ 传媒大学电视与新闻学院副教授——张龙

我个人认为,孩子并非牛羊,单纯的"圈养"或"放养"都不能满足孩子的发展需求,我们也不能简单地通过一两个案例就找到教育的普世价值。不过归结起来,孩子成长教育

需要的重要元素包括引领与纠偏、鼓励与赞赏、责任感与独立意识培养。

※ 《辽沈晚报》时政记者——吴双

古时候既有武帝的励精图治，也有文帝的无为而治，能说哪个是成功的哪个是不成功的吗？"圈养"和"放养"也要因时因人而异吧，"圈养"的孩子要融入"放养"长大的孩子们当中很难，让"放养"的羊羔"进圈"又何尝是件易事？教育方式无所谓对错，只看它是不是符合实际情况罢了。难道进不进哈佛就能成为判断标准吗？

※ 家长代表——程宝宝的妈妈

支持放养！期待老丁夫妇详细讲讲"放养"教育的具体过程。我赞同他们的基本思路，让孩子在成长的过程中永远没有遭遇任何风险的机会，恰恰才是最大的风险。我认为父母需要做的就是给孩子一个自己玩耍、自己闯荡、自己体验失败和自己赢得成功的成长历程。

※ 家长代表——作家张志刚

放养？！太冒险了吧。积极地在网络上搜寻了很多丁丽晴的消息，个人认为这是一种看似"放养"，实则也并不缺乏"圈养"的教育模式。建议大家不要只注意到"放养"这个词表面的意思，还是应该多了解老丁夫妇的教育细节。而且，他们对丁丽晴求学之路的安排很聪明！

谁才是当下中国教育的真实写照？

"当你像往常一样冒出某种想法时（或评判某个社会现象），你是否知道这样的想法从哪里来？你能确定这些是你自己的想法和观点吗？你是用不偏颇的眼光纯净地看待事物的本来面目，还是受了老师、朋友、敌人、书籍、广告、电视、音乐、宗教、文化等的影响，而戴上有色眼镜来看待生命？"宗萨钦哲仁波切在《佛教的见地与修道》中说："你的心一直毫无选择地吸收各种影响力，在你毫不知情的情况下，这些内化的影响成了你的想法、感觉和信仰。"我们所做的每个评判，都可能是戴着有色眼镜观察的结果，只是我们往往意识不到眼镜的存在。摘掉眼镜，用心看世界，看西方，看东方。

《虎妈战歌》一书介绍了蔡美儿如何以中国式教育方法管教两个女儿，虎妈的教育方式轰动了美国教育界，并引起美国关于中美教育方法的大讨论。2011年初，《华尔街日报》发表了该书的摘要，并刊发了一篇书评，题目是《为何中国母亲更胜一筹？》。讨论随着《时代周刊》的参与几乎达到了一个高潮。虎妈的故事登上了《时代周刊》封面。于是《虎妈战歌》成为美国媒体和民众当时最关注的热点之一。

美国主流社会舆论纷纷表示："虎妈"代表了当代中国父母的育儿观念，但它是否就当真代表了"当下中国"，还是说它硬被一些别有用心的人扣上了"当代中国"的帽子？听罢老丁夫妇的育儿经，我禁不住思考，究竟谁才是当下中国教育的真实写照？谁才该被当今世界奉为教育圣经？在《虎妈战歌》炙手可热的当下，我们是否还可以保持冷静的思考和判断，还原家庭教育一个原本温馨、和谐、天伦之乐的氛围。

近几年，美国各地风起云涌般掀起了对国内教育危机的讨论，尤其是当2010年底美国在"国际学生评价项目"（PISA）竞赛上失利后，更是加剧了这种社会心理。这一项目中，美国高中学生的教学、科学和阅读能力在65个经济地区的排位分别是31、23和

17。而中国上海的学生在 3 个类别中均名列前茅，这还是他们第一次参加测试。"对我来说，这是一记声响巨大的警钟。"测试结果公布时，时任美国教育部长阿恩·邓肯就这样告诉《华盛顿邮报》："我们什么时候对美国人在任何一个领域平庸的表现满足过？那是我们的目标吗？我们的目标是领导世界教育。"

美国经济危机以来一直陷入脆弱心理，对于中国崛起十分紧张，一惊一乍的美国人对中国有一种敌对的情绪，他们有一种强烈的自尊心，很容易受到侵犯。《时代周刊》关于虎妈的文章中写道，"美国第三季度的经济增长达到了有气无力的 2.6%，但许多经济学家已然预计失业率将徘徊在 9%。部分原因就是很多工作都外包给了像巴西、印度和中国这样的国家。我们的房价不断降低，退休和教育基金大幅缩水。即使想要改变我们根基于现有消费之上的生活方式，在付完每月的账单后我们也没有多少钱能够存下来。与此同时，中国经济却以每年 10% 以上的速度高速增长，对美国贸易顺差 2524 亿美元。中国政府把这些财富输送出国，建设高铁，开办工厂。"

所以，每当有一个关于中国的故事发生，美国人就会情绪爆发。而微妙的社会心理总是野心家的温床。所以，一直有各种公司、智囊机构甚至声名显赫的个人，利用这种微妙的社会情绪做文章，做大与中国有关的舆论。所以，不如说《虎妈战歌》是硬被一些别有用心的人扣上了"当代中国"的帽子！《虎妈战歌》显然是已经被误读了的中国教育。

在"中国热"的今天，为了增进和中国的交流，西方人比以往更愿意雇用黑头发黑眼睛黄皮肤的人。要知道，具有上述外貌特征的人不仅是中国人，东南亚人也有相似的外貌特征。为什么不雇用他们呢？他们比在中国土生土长、通过考托福入学的华人具有更好的语言交流能力，且所要求的薪水也要明显低于华人，但他们并不了解中国。一早跟随父辈移民，可能至今除了旅游甚至从未踏入过中国这片土地的蔡美儿教授对中国也并不了解，特别是正处在社会大变革中的当下中国。

《虎妈战歌》一书因成功的商业运作和略带政治色彩的鼓噪情绪，也着实触动了东西方母亲们对教育精神和人生目标等一系列理念问题进行大辩论。要知道，在中国这个本应是"虎妈"聚集的国度里，大部分的妈妈并不赞同蔡美儿的做法，蔡美儿也无法代表当下中国母亲的教育观念。

网友热议

腾讯网友 @雪兔
> 我觉得孩子只要有正确的人生观、价值观，就可以放养了，绑得死死的说不定会把孩子的性格扭曲了，还是自律的孩子比较有出息。放养是在有一定基础下的放养，丁丽晴明显就是一个放养的成功案例呀！

腾讯网友 @蓝天
> 难呀，将来孩子的教育真成问题。

腾讯网友 @妖妖
> 放养的做法我们应该好好学习，对孩子的成长大有益处！

腾讯网友 @好好
> 有助于孩子未来的发展就该大力支持！

腾讯网友 @柠檬酸
> 很多做父母的就是太放不下孩子了。

腾讯网友 @缘若
> 虽说是放养，但是肯定不是随随便便的，要有科学方法。

腾讯网友 @帅呆了
> 该放手的就要放，总是死盯着孩子，孩子会厌倦。

腾讯网友 @圆珠
> 以后我有孩子也要用放养的方式。

腾讯网友 @上课的人
> 真有本事，羡慕死了。

腾讯网友 @敢于向前
> 哈佛女孩丁丽晴好了不起哟。

腾讯网友 @坠落星空
> 只要有利的就可以尝试。

腾讯网友 @带我走
> 现在的年轻父母应该比较能接受这种放养方式。

腾讯网友
@ 由美

> 能不能成才还是看自身吧。教育方法也比较重要，要选合适的。

腾讯网友
@ 江东门

> 丁丽晴的经历一定很不错啊。

腾讯网友
@ 酸葡萄

> 现在对孩子的教育很头疼，不知道她父母是怎么做的。

腾讯网友
@ 聪明 de

> 这样的家长好啊！！！！！！！

腾讯网友
@ 新开始

> 能把孩子教成尖子生，真厉害。

腾讯网友
@ 清澈蓝

> 哈佛大学呀，好羡慕，看来在教育方法上要更新了。

腾讯网友
@ 古子

> 现在的教育应该中西结合。

腾讯网友
@ 非常难

> 想看看她的家长怎样放养的啊。

只有民族的才是世界的，
文化没必要一味与国际接轨

中国有商机，钱好赚，这几乎是所有美国商人的共识。在美国，可以实在地感受到一股"中国热"，不管是美国政府，还是普通商人都嚷嚷着要到中国投资。但是重视未必等于了解，重视过头了倒让人误以为是"热恋期"的盲目狂热，这总让人忍不住怀疑美国人眼中的中国是否真实。

外国人爱逛中国的酒吧，也极爱跟中国酒吧中的男女搭讪，他们试图通过这样的方式了解一个更真实的中国。这跟很多外国人是因为有需要、有热爱而主动学习中文是有很大关系的。中国的英语学习者也应该通过这样的交流提高自己的英文水平。这又回到了"放养"和"圈养"这个论题上来，既然怎么都是要学的，为什么不让孩子们自主自发、愉快地来学习呢？

美国政府呼吁年轻人到中国留学、交朋友，来了解中国。他们开始认为，想要和中国做生意的美国人要真正到中国走一走，看一看。从某一方面来说，美国已经意识到他们对于中国文化和逻辑的疏离，会影响去中国赚钱。外国朋友伊恩最常问我的问题，还有去酒吧最常跟中国人聊天的内容，总离不开"钱"字。

伊恩表示，中国人工作卖力，仿佛都丢了自己的生活，应该多抽点时间放松自己，去世界其他地方旅旅游、度度假。但是，亲爱的伊恩，有没有人告诉过你，大多数中国人赚钱的目的，绝不是为了攒够了钱到全球旅行，而是为了能够在这个城市中体面地生活下去；是为了保证家人生活品质的提高；是为了在孩子读书的时候不至于被其他的小朋友攀比下去……中国只是部分人富裕起来了。甚至可以说，大多数生活在当今中国，尤其是生活在北京、上海这样大都市的白领们仅仅是"看上去很美"。

正处于社会转型期的中国，一方面是经济迅猛发展，一方面是压力、焦虑和抑郁的同步增长。我们常说世界不了解中国，世界误读了当代中国；那么，我们的国人，你了

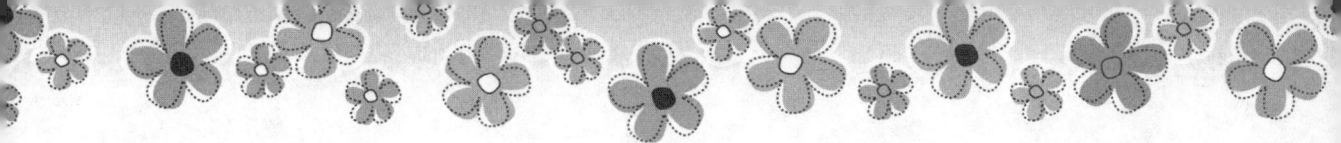

解中国吗？对中国传统文化，国人又知道多少、理解几何？过去12年里，中国人的心理障碍发病率几乎增加了16倍。当代的中国人原本就是端着满满一盆焦虑之水，稍加压力，便会随即溢出。

只有民族的才是世界的，文化没必要一味与国际接轨。现在很多外国思想家正在反思社会的运行模式和走向，并感觉到了其中的潜在危机。很多思想家反思的结果就是：把目光投向中国，而他们关注的焦点就是中庸思想。

对于"中庸"，国人的理解还剩下什么呢？或许根据字面意思，会误解为不高、不低、中规中矩，甚至可能会被误读为"不求上进"，更有甚者，再扣一顶"封建思想文化糟粕"的帽子……但"中庸"是他们理解的那个样子吗？

中庸之道是世界上最具有连续性的文化，也是中国众多文化流派中最具有价值的核心精神和观念。所以，我们要强调传统文化的传承，同时兼容其他文化的优秀精神，而没有必要一味盲目强调与国际接轨。改革开放以来，中国经济像是乘上高速列车一样高速前进，与此同时，也滋生了社会转型期中都会遇到的社会问题、精神问题、压力得不到合理释放的问题。

社会转型提供了一个经济发展至上、功利主义蔓延、社会压力无限放大的精神场域。在这样的场域中，对传统生活文化准则的社会精神控制体系解体了，个人观念脚本也被改写了。"80后""90后"在经济上是幸福的，但过于追求分数的童年，功利主义泛滥的成长环境并不值得学习、借鉴、宣扬。值得我们温习的，并值得传播给世界的中国真正的精神符号，恰恰是祖先早已留下千年的"内敛、中庸、厚德载物、己所不欲勿施于人"等等。不同于其他动物，人类的思想具有自由穿梭于过去、现在和未来的独特能力，正是通过这种能力，我们吸取过去的教训，规划今后的生活。

聪明的人会有明确的生活态度。老丁夫妇反复告诉丽晴，不要去刻意地区分东方、西方，用人性中最质朴的爱和美看待所有事物。回顾自己成长的过程，丽晴认为，从中国到加拿大，由于经历了两个国家不同的教育熏陶，令她身上融合了东西方文化不同的精髓。她以写作为例，中国提倡批判性阅读，作文有一定的套路；加拿大提倡发散思维，提倡多元性。面对两种文化的冲击，她能做到兼蓄并学。中国的教育令她打好了学习的基础，培养了良好的习惯；而到加拿大之后，新的学习模式开启了她的兴趣，在不断挑战自己的过程中，从一个腼腆、不善交流的孩子，成为健谈、勇于奉献和敢于大胆追求理想的青年，她对这种交替互补的成长教育充满感激。

丁丽晴除了学习好，也热衷于参加社会活动，她通过参加一系列的义工服务，积累自己的社会经验。丽晴和她的好朋友米勒来到中国宁夏回族自治区银川市兴庆区第三小学做义工。她为了鼓励更多的年轻人去做义工，将这次义教活动拍摄的图片做成了展板，希望召集更多的义工到中国去。

网友热议

新浪网友
@ 行路者

小孩子本身是不知道哪种教育好的，他能习惯中式教育，也能习惯西式教育。中国现在一些争论都是大人们的自我想法，有些像是闭门造车。在这个世界上，哪种生存方式都有它的合理性。

新浪网友
@ 子墨

这种人，不配做中国妈妈。5 岁被逼去练琴，练到 15 岁，也能练出个十级来。前些日子去听一个从小练琴的孩子弹钢琴，才恍然大悟：人世间对牛弹琴的事不算恐怖，恐怖的是牛对琴谈。站着听四五秒还没有问题，听十几秒是要苦下决心的。许多自以为好心的家长对此的解释是小时候练练，对将来有好处。至于小时候没玩儿，可以等事业成功、功成名就后弥补。但是，他们愚昧到不晓得童年的玩儿是最纯洁纯粹的玩儿，等功成名就之后所谓的玩儿，很大程度上是玩麻将、玩扑克。两者能代替吗？就算两者可以代替，你作为一个一生有为最终退休的人，还会不会去约一帮跟你一样一生有为最终退休的人一起弹玻璃球、钓龙虾、看《葫芦兄弟》？你们所失去的将一生无法弥补。孩子得到了所谓的成功，但是却失去了可爱的童年！！！

新浪网友
@ nancy

现在做父母真的很难，许多时候都要在做与不做之间选择、徘徊。在攀比的大潮中，做父母的一定要有定力，否则受苦的将是孩子。父母在关注孩子的外在表现的同时，是否也仔细倾听过孩子心中的呐喊？

新浪网友
@ 1882076745

现在谁逼你们去做虎妈了吗？没有呀，是你自己逼孩子去学琴、去学奥数、去学英语、去上补习课的，我的孩子一样都没去学，还不是上大学了？所以不要怪教育制度！如果没有考试制度会怎么样呢？我是从事农村基层教学的，现在因为大学生就业难，农村家长不大管孩子学习，任其自然发展了，用你们的话说就是没有扼杀他们的想象力和创造力了吧，结果怎样，初一平均成绩语文43分、数学33分、英语28分，0分和10分以下多的是。以前各班数优秀人数，现在是数有几个人及格了，如果像这样发展下去，用不了50年，教育就毁了。现在是城里人太重视，农村人一点儿不重视，走向两个极端。

新浪网友

应该注重兴趣培养，包括国际教育也是一样，我们不需要全是博士，也不能都目不识丁，所以任重道远！

新浪网友
@ 田海蒂

教育小孩首先让孩子学会吃好，认识营养食物和垃圾食品！第二就是睡好，6岁前保证晚上10～12小时的睡眠，要有午睡1小时或2小时的习惯。6岁后保证每晚9小时的睡眠！第三就是玩好，与自然做伴，学会运动健身！这三点保证了，再谈其他知识的教育！

新浪网友

是培养人还是培养才，是追求表面的"成功"还是孩子的终身幸福，不完全是方法问题。陶行知在谈到公民教育的价值观时，特别强调要培养"人中人"而非"人上人"，没有这种公民意识就没有对待儿童的"平常心"。当今社会，"打造优生""不能输在起跑线上"的声音此起彼伏，"24小时记下1000个英语单词"、对4岁幼儿的"思维训练"等等铺天盖地，"虎妈战歌"歌声嘹亮，全社会教育价值观的扭曲从没有像今天这样触目惊心。

新浪网友
@诸葛小龙

我读了您的看法，谈一下自己的感受，虎妈的做法我是不大赞同的，但是她对孩子们的爱还是存在的，是不可否认的事实，孩子是否也是爱自己的妈妈，这是关键所在。假如双方都是以爱为基础的，只是教育方法方式的问题啦，我想她是接近自己的孩子的，是了解孩子的，方法的对与错是否以结果来说明，我在这点上也是很矛盾的，学习是要成绩的，是不看他学的是否能改变自己的灵魂的。

新浪网友
@品味人生

在现在极力追求和创造"价值"的社会，学生分数就是"价值"的唯一表现。可怜天下父母心啊，每位家长都希望自己的孩子能成才！这不但是每位家长的愿望，而是整个社会的期望。少年强则中国强！问题是，当人们过分强调、过分专注一件事情的时候，会顾及不到其他更重要的东西。这样就免不了失去平衡，甚至会有点走火入魔！一旦整个社会陷入这种现象的时候，相信每个人都不会"理智"，甚至都会有点"偏激"的。但是有理由相信，随着社会的进程，这种"发烧"现象，通过自身的调理，通过"吃药打针"会慢慢变得健康的。

新浪网友
@Anhao78

我家先生是重点中学初中数学老师，他深深地体会到经历过残酷小升初选拔出的学生是什么样的。三年的初中教育，老师不可谓不用心，真的是非常用心努力地教学生，但是学生的厌学情绪、与家长的矛盾比比皆是，个别学生甚至出现青春期精神分裂。当孩子们的状态远远满足不了家长的期望的时候，孩子只能选择叛逆、反叛，和家长、社会对抗！

新浪网友
@Biyingjia

虎妈是个好妈妈，以孩子的"长远和根本利益"为己任。有虎妈是孩子的福气。虎妈的行为完全是独立思考的价值判断，她让孩子受苦，把孩子培养成虎虎有生气的"虎仔"，最终受益的是孩子。世间一切知识、能力、品质都是靠艰苦的磨炼才能获得，懒人、弱者（意志上的）、糊涂混日子的人与卓越无缘，也不理解吃苦对孩子意志品质的意义。做个懒、弱、无能的人是你给你自己孩子的选择，你有什么权力把你的选择强加到虎妈身上呢。进步就是竞争和淘汰决定的，靠自己吃苦做个强者有什么不对呢。

新浪网友
@胜者为王

虎妈在美国引起的真正争论是中国人很努力，而美国人很不努力！不仅是这一代，而且包括下一代。中国孩子的竞争是很残酷的，而美国的孩子不懂得什么是竞争！

新浪网友
@小雨

以前我也用类似的教育方法教育外甥女，当她读到初二时，我觉得学校给她的压力实在太大了，我不能再给她压力，我应该给她减压，我告诉她你只要不留级，把身体保持得健健康康就做得很完美了。后来，她竟在区长跑比赛中获得了她学校的唯一一个名次，我让她悠着点，不要拼命，生命还长呢。她说不是啊，小菜一碟。学习也保持班级和年级前列，她还喜欢跳舞，一天到晚参加各类比赛。我真佩服她！

新浪网友
@lyhxtx

儿童的智力是在学中玩、玩中学得到迅速提高的啊！

新浪网友
@冯维有

虎妈虽然不妥，但毕竟是个体行为。世界是丰富多样的，有兔妈也会有虎妈。

新浪网友
@ 在家上学

我们的教育是培养人，还是培养人才？这个问题提得好。培养人中人，而不是人上人，势在必行。还给孩子美丽童年，给孩子自由玩耍的时间和发展兴趣的机会是我们民族的拯救希望所在——中学苦读书、大学不读书的现象再也不能继续下去了——呼唤教改——别越改书包越沉，考试题越细——将真正聪明而缺乏耐心的孩子尤其是男孩子挡在大学门外——很不正常也很危险！

新浪网友
@ 猪猪

家长对孩子严格管制，越俎代庖，致使许多学生缺乏生活能力，性格乖张、人格不健全，成人之后问题就暴露无遗。部分高分学生缺乏自立能力，拙于表达，甚至没有朋友、不会恋爱，令人深思。当我们似乎培养出一个人才时，他却没有成为一个合格的人，这样的人才是难有大用而且没有幸福的，从而丧失了最重要的教育目标。

新浪网友
@ 阿星饭饭

不知道这位虎妈的孩子的童年是否笑过，是不是开心过，也非常怀疑她的孩子长大之后如何生存。从小就像机器人一样受母亲的管教和指导，长大之后怎么有独立生存的能力，在没有母亲指导和命令的时候有没有独立思考和解决问题的能力，而且这样长大的孩子的社交能力可能为零。

新浪网友
@ Susan

中西方教育各有利弊，我们扬长避短吧。

新浪网友
@ kimzhenji

我觉得现在太关注精英的培养了，我们的孩子一般都是普通人，但是普通的孩子也适合于有机的成长，长大从事自己喜欢的岗位。所以不一定你的孩子没有上哈佛，你的教育方式就是失败的，孩子只要是具有自主自信健全的人格，热爱自己的工作而且生活幸福，就是一个非常成功的教育了。

新浪网友
@小熊

我觉得虎妈有权利选择她认为对的方式教育她的孩子，无论怎样，当孩子们走向社会，自然会分出高下。这个社会既需要诸葛亮那样的通才，也需要大量文化水平不那么高的人做基础工作。所以，种瓜得瓜，种豆得豆，大家都不要抱怨种瓜得豆就好了。不要依赖别人帮你解决问题。所谓独立，就是当你走上社会，就要学会依靠自己。依赖别人的人，总是会为自己以及自己的家人带来被轻视的命运。所以，若有可能，我还是选择独立。

新浪网友
@kimzhenji

目前家长的教育讲座很多，这些教育讲座更应该深入到学校、深入到老师以及校长，和谐社会也应该是和谐发展的啊，现在很多家长的教育理念远远超过了学校教育！

新浪网友
@浙江嘉兴网友

其实人们大可不必去羡慕别人，放养与严苛都不是培养出类拔萃的必需条件。读书能读到如此份上，与天赋有很大关系。聪明人不一定能读好书。读好书的"书呆子"也不多见，所以大家尽可能顺其自然吧，给孩子创造一个合适的学习生活环境即可。

新浪网友
@山东济南网友

中国的大部分孩子管教很严，但是就是不成材，为什么？把理由归结于孩子"笨"？而看到别人家孩子热情开朗，特长很多，又很羡慕。是因为别人家孩子实在"太聪明"了？其实说白了就是一个教育方式的问题！方式不对，就是毁了孩子！

新浪网友
@北京网友

放养并不是放弃和不管，概念上不能混淆，从丁丽晴能上北大附小、人大附中来看，要是家长不管，孩子是不可能上的。家长只是注重孩子的自主和自由发展而已。

新浪网友
@一尺阳光

人的智力水平还是有很大差异的，有的人穷其毕生精力也难以达到清华北大的录取标准。有的人可以强调说是学习方法不对，但是，所有的人都不得不承认的一个事实是，想想我们的中学时代，学习尖子往往不是班里最用功的那一个。人生来就具备某些特长，比如钢琴大家郎朗、李云迪，若有人说他们是刻苦练习成才，想必多数人不信。人家十岁多就可以登上各种大场合进行高水平的表演，有的人辛辛苦苦几十年依然只能做个钢琴教师。说到学习，有的人拿起课本翻看几遍就可以朗朗上口，而有的人摇头晃脑努力半天依然背不顺口，这能用刻苦来解答吗？所以说，天才不是每个人都可以奢望的，还是做好普通人的本分吧！！

新浪网友
@lexi

其实看完本书内容以后就会发现，丁丽晴能上哈佛似乎是种必然，她有比别人更广的视野和更多的知识，以及积极的生活态度，如果说这样的教育方式是种"放养"，我也希望被放养。

第二章

生活点滴中的"放养"教育（一）

与其说我是本书的作者，不如说我是执笔者、编撰者来得更贴切些。丁丽晴被五所世界顶尖名校同时录取固然让人艳羡，但她是如何做到的呢？她的父母又是如何在日常生活的点滴中实施教育的呢？或许"怎么做"才是更多中国父母所关心的。

我有幸走进丽晴的家庭，真真切切地体会到了老丁夫妇教育孩子的真诚和热情，他们的教育方法既富有东方智慧，又不乏西方精神。逐渐地，丁家温馨的家庭画面越来越清晰地展现在我的眼前……我不得不说，"放养的女孩"丁丽晴的家庭教育故事，真的超赞！

这不是那种传统意义上地告诉家长你该如何教育孩子的教科书。更多地，只是老丁夫妇在与丽晴相处过程当中的家庭点滴故事。所以，读起来，你会觉得它很有趣味。家庭成员之间，家长和孩子之间，有时也同样需要极富趣味的"斗智斗勇"……

在文字的处理上，我并没有完全从"我"的角度去叙事。而是根据不同的文境需要，模拟了丁爸爸、丁妈妈，甚至丁丽晴的语气，以方便叙事。这样做的目的是为了让读者和我一样真真切切地感受到哈佛女孩丁丽晴的一家人。

媒体采访实录：
阳光女孩丁丽晴被哈佛等五所名校同时录取

媒体： 丽晴，你认为你是靠什么打动了包括哈佛在内的五所世界顶级名校，是不是你的 SAT 1 满分的优异成绩？

丽晴： 第一，我认为运气很重要。第二，请牢记第一条（笑）。无论是申请学校，还是各种考试，都少不了运气，不是吗？其实我认为自己和其他的学生没什么两样，就是一般优秀的孩子。这么说吧，无论是在国内还是美国，我都见过不少非常优秀的孩子没有被哈佛录取。就拿 SAT 分数来说，我的 SAT 1 是 2400 分满分，很多人认为这是给我的申请加分的地方，但要知道，哈佛年年拒绝一些 SAT 1 考试满分的学生已经不是什么稀罕事了。

每年被哈佛录取的学生中，既有 SAT 1 是 1800 多分的非洲裔学生，也有 2000 多分的亚裔学生，可见没有种族歧视（笑）。喔，对，我认识的一个北京朋友，也是今年申请哈佛，SAT 1 考了 2390 分，只差 10 分满分，可还是被拒了。可见，SAT 分数并不是申请哈佛大学的唯一衡量标准。

媒体： 那么是否是推荐信帮到了你，你是请谁写的推荐信？

丽晴： 我想应该不是推荐信起了决定作用。最近网上有人拿我和哈佛女孩刘亦婷做比较，也许刘亦婷的录取，重量级推荐人拉瑞的确给予了不小的帮助。但是，我想如果贸然地就此扼杀刘亦婷自身的努力也是完全没必要的，甚至可以说，有些不厚道。说回我自己，我的两封推荐信就是找我就读的院校的任课老师写的，一篇数学，一篇……就暂且叫"语文"吧（其实应该算是英文，但说"语文"的话，可能更方便读者理解这门课所教的东西）。

媒体： 我看到海外媒体加拿大《环球华报》用一个整版刊登了你的故事，上面写到，

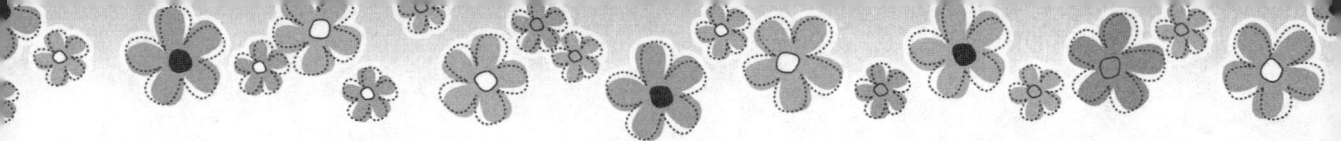

你是名校里的明星，获得很多奖项，在数学、划船、辩论、长笛等方面取得世界级奖项，也曾到非洲去做义工，走访 17 个国家和地区……拥有丰富的经历，是否它们打动了哈佛大学的招生官呢？是否每一个被哈佛录取的学生都必须要具备一项以上的个人才艺呢？

丽晴：哈佛大学没有对申请者的个人才艺做出特殊的规定。但是我知道很多中国的家长都已经开始提前"设计"孩子的人生，试图通过练就某些才艺，来打动名校招生官，比如钢琴、芭蕾、萨克斯什么的，现在的孩子们，周末、放学后的空闲时间都被各种名目的补习班、才艺班占满了……真可怜。我个人对此持保留意见，也许能加到分吧，也许不能。但是我做这些是因为我自己喜欢，而不是为了追求外在的什么光环，更不是为了追求哈佛，因为我早知道对申请来说，这些可能一点儿用没有，甚至有可能会耽误学习的时间，影响成绩。

是的，我曾经跟随我的老师到非洲去做义工，教那里的孩子学数学。此外，我和好朋友米勒也来到宁夏回族自治区银川市兴庆区第三小学担任义工，此行是我比较难忘的一段义工经历。

其实做义工的过程也是一个学习的过程，起初我以为我是来给予爱的，没想到被爱得彻彻底底、穿透骨头的却是我自己。中国有一句话叫作"施比受幸福"，我想自此后，我能体会这句话的意思了。听着孩子们的朗朗读书声，看着略带红晕的小脸蛋儿上洋溢的笑容，我找到了一种被需要、被爱和接受的美好感觉。

此前是因为父亲工作的关系，我像个吉卜赛女孩儿一样奔波于十几个国家之间（笑）。但好处是，可以结识来自世界各地的朋友，亲身体验不同文化之间的碰撞，在承认文化差异的前提下，找到一个平衡点，这个平衡点就是"爱"，要知道地球两端的人们都是很友善和乐于助人的。

媒体：申请文书是你自己写的吗，有没有找机构办理，或是咨询有关方面的专家？

丽晴：申请文书是我自己写、自己修改的，没有找任何人或者机构帮忙。我觉得很好笑的一件事，自从媒体报道了我被哈佛、沃顿等学校同时录取的消息，竟然有些国内的留学机构赫然地把我挂在自家的网站上，通过一些"巧妙"的页面布局，影射我是通过他们申请到的哈佛。

刚刚谈到"我像个吉卜赛女孩一样四处流浪",我想恰恰是我在个人的申请文书中很好地传达了这个信息点,也许就是"吉卜赛女孩"最终打动了哈佛。作为美国最古老的私立高等学府和世界上最负盛名的大学之一,哈佛大学秉承的校训为:真理。哈佛大学认为,自由教育应是"本着自由求知的精神,不受议题的制约,也不受职业实用性的干扰的教育"。这种自由教育追求的目标,不是让学生成为某一种专业人才,哈佛追求的是更为崇高的目标——培养聪明的脑袋,让学生成为独立的、思想解放的、具有"自由思维"的通才。

不论是从我的"动荡不安"的全球搬家式生活(笑),还是从我宁可为了同时参加辩论和划船的兴趣小组,而选择逃课的"不务正业"精神,还有中国传统给予我的,那种东方坚毅、吃苦耐劳的奋斗精神,和西方大胆表达自我自由意志的信条……我对这种东西方交替互补的教育方式充满感激。当然,别忘了最重要的一点,我开始时就提过了,运气。我不是开玩笑,这很重要。最后,我要借此机会感谢我的父母,正因为有了如此开明和有见识的父母亲,才有了丁丽晴。谢谢。

孩子的未来是父母规划出来的吗？

（此节为丁妈妈叙述）

我不会替丽睛做她的规划，她比我更擅长规划自己的未来、安排自己的生活。如果给孩子做太多的规划，其实只是妨碍她潜力的发挥。丽睛被哈佛等五所顶级名校同时录取后，有不少父母亲前来跟我们取经。我想说的只是——尊重孩子，真正意义上的尊重孩子，不是嘴上说说就算了的那种，很多中国家长根本搞不懂什么叫尊重孩子。

高考刚过，有一位朋友带家里的小孩咨询我们去加拿大读书的事情。

我的意见是"不一定非得去加拿大读大学，加拿大的大学不好'混'；相反，要看高考成绩，如果能考入国内"一本"大学，那何必去加拿大呢。所以，从实际来说，先等等成绩再说。（再者，如果当真想让孩子出国念书，怎么能都等到高考成绩已经快出来了才上心？）"

朋友："你快问问丁妈妈，大学学什么专业好？"（然后比较有趣的是，小孩的妈妈根本没有留给孩子任何说话的机会，不断地咨询我医药学专业、建筑学专业的就业前景。）

我跟朋友聊了一会儿，忍不住说："还是听听孩子的意见吧。"（给孩子做职业规划，最好是清楚孩子自己要的，而不是"家长希望孩子要的"。）

孩子小心谨慎地说话，起初询问的不过就是母亲刚刚问过的医药学和建筑学之类的问题（期间我有多次示意妈妈不要打断孩子，让她继续说，表达自己的意见）。孩子整个讲话的语气是非常平缓的，甚至可以说是"有失生趣"的（尽管我知道这也许并非是孩子自己的意愿，但我还是很认真地听着，并给出自己的意见）。我还是比较喜欢这孩子的，因为很快，她就问我，"我喜欢画画，有没有跟这个相近的专业？"（说这些的时候孩子的眼睛是放亮的，而且我知道此时她是开心的，语调也欢快多了。）谁知孩子刚说完，

母亲就表示了反对意见，而且语气显得过于急躁了："她就是那么不切实际，画画能当饭吃吗？现在就业形势多么严峻啊，还是好找工作的专业比较好。"

求学不应该只为文凭，而应该为了实现人生的理想。去找份谋生的工作和完成心中的理想，这中间有很大的差异。并且我从不认为坚持内心的理想和当下吃饱饭有任何的冲突。事实证明，那些勇于坚持自己梦想的年轻人，往往也能获得财富上的巨大成功。当全球的年轻人都在世界各地穿梭，把整个地球当作自己的舞台；当过去的人类留下遥远的足迹，跋山涉水到地球的每个角落；当我们的航天员已经漫步太空，向别的星球探索的时候，我们还能把孩子放在只知考试和升学的小框框里吗？中国是古国，不是老国！

孩子读什么专业，不一定将来就业也是同一个专业；可能是相近的，也有可能是完全不搭边儿的。目前读什么专业和未来找什么工作，两者之间不是"谁决定谁"的关系。至于什么工作比较好找，什么工作薪水高、福利待遇好，可能也不是我们表面上看到的那样。但是如果有一份自己喜爱的事业，那么不论外部的大环境如何转变，内心的那份对工作的热情还是在的，这就是最难得的。

针对我那位朋友的孩子，我最后推荐了一个计算机相关专业，跟绘图相关，孩子喜欢，父母也觉得就业前景不错，算是皆大欢喜的结局。那个小孩是属于比较听话的孩子，如果遇到个性倔强的小孩，说不定会逐渐形成跟父母的沟通障碍。或许有的时候所谓"倔强"，仅仅是孩子向父母的示威。也许孩子的潜意识只是：请您尊重我。只不过在交流中，孩子采取了"不听话"作为自己的表达方式。

在中国很多孩子长期同时补习五六种课，我家丽晴都没有。一般的父母亲让小孩子补习都是因为父母亲小时候自己失去了什么，现在就给儿女什么。如自己没有跳芭蕾舞，很想跳，但是父母亲那个时候穷，没条件，所以一定要让自己的女儿跳芭蕾舞。其实是父母亲自己的意愿，并不是儿女真正喜欢。几乎所有的补习都是这样的，也包括父母亲希望他当医生什么的，全部都是这样。把小孩子的时间塞得满满的，所有的补习，包括课业的、非课业的，等于让他没有任何机会显示出真正的能量和潜力。

很多家长要孩子学东西，只是为了满足自己小时候的遗憾；而很多被硬逼着学这学那的小孩，长大后的表现反而比较平庸。为什么呢？因为他忙着应付父母的期望，根本没有空闲去发掘自己真正的兴趣。丽晴还小的时候，我就几次劝过周围的亲友，不要整天带着小孩奔赴各种补习班了。说得太多也怕人家的父母反感，所以，有时我就接亲戚家的小孩到我家玩，不做别的，就是玩儿，好好玩儿，好好放松一下。但这并不就是说，孩子是可以放纵的，放养和放纵还是有区别。中国孩子面临的外部竞争压力过大，作为父母，是否可以给孩子稚嫩的心灵留一点儿空间呢？

尽管中国学生善于在标准化考试中取得优异成绩，但其创造力一向被证明是低于西方学生的，对此人们总是从文化差异上找原因，如中国人重传统、讲服从，西方人重个性、讲自由；中国人学习多背书、少提问，西方人学习多提问、少背诵等。那么，这些文化因素是否已经潜移默化地影响了中国孩子创造力的发展呢？

如果外部的大环境是重视基础知识教育和基础技能培养（有它的好处），那么当孩子回到家中时，作为家长就应该营造出一个"更有益于创造力生长的"较宽松的家庭教育环境——重个性、讲自由、讲尊重、讲平等。

教育无须太过刻意

"直到有一天，父母赚够了钱，猛然醒悟到教育的重要性，我也离开了"永小"（永安里小学），离开朝阳，离开以我为荣的老师，离开暖暖的沫沫、活泼的董洪和所有的朋友，去追寻一片新的天地，追逐学业上的成功——凭借自己的实力考上全市、全国最好的中学：人大附中，以至于后来飞赴大洋的另一端——美国。向着哈佛努力奋斗的我，蓦然回首，竟是一片沧桑……

若是说，一个在胡同里长大的孩子，一个童年伴随着蛐蛐儿声、五年级前都不写作业、可以和同学玩到天黑的孩子竟考上了人大附中，以至于后来说着流利的英语直接摘取了全球教育界王冠上最夺目的那颗宝珠——哈佛大学的录取书——连我自己也觉得不可思议呢……"

摘自丁丽晴日记

"星期天的清晨，八点以前就在大街上行走的孩子，80%以上是去上各式各样的辅导班；到了晚上九点，仍旧在大街上行走的孩子，80%以上是刚从各种辅导班下课回来。"丁妈妈说，"我就不明白，为什么现在的家长从小就给孩子压那么沉重的一副担子，美其名曰'不要让孩子输在起跑线上'。实际呢，有没有输在起跑线上我不知道，但是孩子那个无忧无虑、值得回味一生的美好的童年算是没有了。"

美国的心理学家琳达·卡姆拉曾在一次国际心理学大会上说，据统计，三岁的中国孩子的微笑，要比同年龄美国孩子少55.6%。天下哪个父母不希望孩子能快快乐乐、健健康康地长大？只是，当我们希望他未来快乐、成功的时候，是不是忽略了现在的快乐？当我们希望孩子长命百岁的时候，有没有想过孩子未来的健康，要在他们小时候打下基础？当我们希望孩子长得高高大大的时候，有没有想过生长激素分泌最主要是在睡眠的时候，而

他们常常没有得到足够的睡眠？

"哈佛大学纯属偶然，真的是偶然。"丁妈妈若有所思，仿佛做了个极其重要的决定似的，"或者这么说吧，哈佛大学固然很好，但还给女儿一个美丽的童年比哈佛大学更重要！但现在要我两者兼得，我也乐于接受。"丁妈妈爽朗地放声大笑，这笑声也感染到周围的每一个人。

丁妈妈说："你看，我们现在赚够了钱，想回过头来管管女儿的学业了，人家反而不让我们管了。写的申请文书一律都不给我们看，都是丽晴自己完成的，面试的细节也不跟我们透露，丽晴只跟我说，'面试官要问什么都被我算准了'。看到女儿这么胸有成竹，我们也就放心了。果不其然，拿到了哈佛、沃顿、斯坦福、哥伦比亚、加州理工的录取。"

丁妈妈认真地说："我们是不想给女儿留下我们'管她'的印象，但是我们心里一直有她。给孩子宽松的环境自由成长，当他（她）出现问题的时候，家长可以去适当地提点一二，但我跟丽晴的父亲都不赞同一开始就将孩子最美的天性束缚住。"

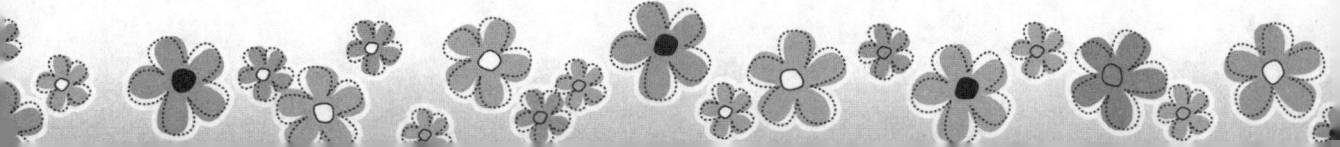

刻苦学习≠考试好成绩≠名校录取≠有"钱途"的工作 ≠幸福的生活

许多中国父母认为，他们的孩子如果没有首先获得"正规的学业文凭"，要成为有成就的人是非常困难的。但事实上，也同样有很多名校的毕业生正在职业道路选择上茫然无措。对于按照传统方式严格要求孩子的父母而言，他们都应该知道这些事实：有很多白手起家的千万富翁说他们在校时并不是优等生。许多人在传统的文凭考试中根本没有得到高分，他们的老师也不认为他们能在未来获得成功。80%以上的有钱人根本就没有修过所谓的大学高级课程。非常不客气地说，纵观当今中国家长遇到的教育问题，大多是由于理念偏差造成的。在世袭了五千年的传统思维模式里，国人理所当然地认为，刻苦学习＝考试好成绩＝名校录取＝有"钱途"的工作＝幸福的生活。而现实生活中连接这几个元素的，反而是"≠"。

哈佛青睐怎样的学生？

研究丁丽晴的案例，可能很多人都会看到她的成绩非常优秀：SAT1 考了 2400 分满分。即便是美国本土学生，如此优异的成绩也是很罕见的。因此，有的家长和学生或许就此推理得出，即便是像哈佛大学这样的名校也是唯分数论的。

留学咨询中，被经常问到的一个问题恰恰是：老师，请问我的孩子要考到多少分，才能被哈佛大学录取呢？其实，针对这个问题，需要搞清楚三件事：第一，是何种考试；第二，哈佛青睐怎样的学生？第三，要知道，每年都有 SAT1 满分的所谓"优秀生"被美国名校拒录的案例。

美国名校真正青睐的是出类拔萃的学生，这种出类拔萃可以包括具有奉献精神、社会责任感、道德高尚、富于领导才能，等等。考试成绩的确是因素之一，仅仅是之一。成绩极端优秀，在美国名校眼中，这只能说明这学生善于考试，仅此而已。善于在传统学业考试中取得高分的学生，一定能为人类的发展做出杰出贡献吗？那可不一定，这样的小孩未必达到名校的标准（关于哈佛大学等国际名校的招生规则和录取标准，详见第五章）。

其实，哈佛也并非高不可攀，只是，如果你根本连游戏规则都不清楚，要怎么玩儿呢？要知道，熟知规则才能玩转哈佛。

再者，不同的父母对成功有不同的理解。父母希望自己的孩子成为有成就的人，孩子要选哪条路，或者逼孩子选哪条路，常常取决于父母的价值观。中国有句俗话，男怕入错行，女怕嫁错郎。问题是什么才是对的行业呢？

举例来说，家长通常希望孩子能够从事社会地位较高的职业，如医生、律师、科学家，所以需要有高分才能进入医学院、法学院以及选修哲学博士课程。这里我不得不提醒这些父母一句，社会地位较高的职业并不等于收入较高的职业。当然，金钱不是一切，职业目标是可以分很多层次的。但是很多父母并不是出于更高的职业目标考虑，而仅仅是出于这份职业的收入不菲，可以确保衣食无忧的生活。所以，对于这样的父母，在给孩子做职业规划之前，有必要知道：有高收入并不一定能在经济上独立自主。拥有地位高的职业，并非都能有高收入，因为许多人的职业选择是被迫的，因而无法挖掘出自己的潜力。

所以当家长想为孩子设计未来的时候，你得先想想，希望你的孩子拥有什么。你希望他将来有名有利？希望他做医师、律师、工程师？还是希望他做个普通人，但能快乐满足、健健康康地过一生？

对另一些父母而言，若能告诉他们的朋友、亲戚、邻居，自己的女儿在哈佛念书，或儿子在清华念书，是一件非常重要的事。我称之为"名校迷"。他们觉得要提高自己的身份，就需要培养出能够获得高分、被名校录取的子女。

唯名校论，这何尝不是一种自私的养育模式——我养育你，是为了让你为我争光，让我不再自卑。甚至于，我养育你，仅仅是因为我希望找到控制别人的快乐，所以你回报我

的唯一方式，就是过我想要你过的生活，读我想让你读的书；你生活的意义就在于让我看到你的生活赏心悦目，而绝不是让我伤心欲绝！

我并非在否定父母对子女的无私的爱，只是直白地指出这种不恰当的教育理念和方式。我们应该给孩子他们原本想要的幸福，而不是家长意识里所认为的"幸福"。

鼓励上大学的女儿谈恋爱

"现在的剩男剩女是越来越多了，特别是优秀的女孩子好像都被剩下来了。"丁爸爸一边开车一边说，"我跟丽晴说，让她到大学里赶快找一个男朋友，在大学就把这事解决了，不要最后当剩女。"

"什么？女儿还没有去读大学，您就跟她说这个？"这着实让我吃惊不小。

丁爸爸继续说："女儿谈恋爱，我们也不想过多地操心了。丽晴是个独立的孩子，她的事情自己会处理，不需要我们过多地管。因为我跟她妈妈工作都很忙，久而久之，她反倒养成了自律和有主见的性格。所以我也相信，在谈恋爱的这个问题上，她有自己的分寸。我只是表达一个作为家长支持谈恋爱的态度。"

"那您不怕丽晴因此耽误了学习吗？"

"不会。我家丽晴从小也不觉得学习是个负担，而且划船、吹长笛、去非洲做义工……做了很多事情。谈恋爱也是人生的必经之路。我们相信丽晴的眼光，能自己做选择，我们也鼓励她。"丁爸爸说道，"丽晴还上小学的时候，我很偶然地知道，班上有男同学给她传纸条。丽晴当时跟我说她特别羞。我就鼓励她，这有什么好害羞的？这恰好说明我家丽晴有魅力。好好保留这份情感在心里，想想就觉得很美。"

丁爸爸说，在他接触的美国家庭中，没见到哪家真正因为孩子交异性朋友出大问题的，反倒听说不少中国家庭的孩子因为早恋的问题与父母争执。对许多中国父母而言，只要孩子在中学交上异性朋友，尤其是彼此相爱的，就仿佛坠入了万劫不复的深渊。问题是，为什么在西方国家早恋没有这么严重呢？他周围的美国朋友们，带着儿女给他们的异性朋友买礼物，甚至开车接送出去约会的孩子。

（以下为丁爸爸叙述）

为什么西方家庭采取比较开放的态度，孩子们都没什么问题。中国父母管得那么严，有一天交了异性朋友，却会造成大灾难？因为中国家庭用围堵而不是疏浚的办法。围堵的结果，当然是水位愈来愈高，一朝溃堤，难以收拾。

我鼓励孩子多交几个男朋友，黑白黄，都可以，太过年轻的爱，总归最后能成的可能性也不大。这做家长的都知道，甚至孩子自己也不见得就不知道。反正成不了，却能让她多经历，免得没见过几个男生，后来碰上一个，甭管好的坏的，就认定他了。那多可悲！

新闻中曾有过某某女孩因为和某某男孩分手就自杀了，我们总是在感叹女孩子不够成熟。那么为什么女孩子不够成熟，是否我们的家长、我们的教育观念也应该负起一定的责任呢？交异性朋友对西方孩子的影响，好像不及东方的大。因为西方家庭从小就不太管这些事，于是一群男孩女孩在一起，由小玩到大，好像是初恋，又不是初恋，似懂非懂。就算失恋了，也不至于心碎，更不至于闹到自杀，等到再交第二个、第三个，几乎已经对恋爱这种"疾病"免疫了。

我们在指责中国大众舆论酿成的惨剧时，是否也该反思为人父母应该有一个正确的态度呢？当然，我们不是生活在当下的美国，但是我们也没有生活在千年以前的封建王朝啊。现在的互联网上，大众舆论繁杂，你能要求每个人为他的言论负责吗？这不可能。但是你自己必须谨言慎行，你要为你的一言一行负责，因为你逃不开，你的儿女就在身边。你才是能对孩子产生巨大影响的人，而不是那些社会舆论。社会舆论是什么？不过是人们茶余饭后的一点儿谈资罢了；而你真有必要为了他人的无聊消遣葬送自己儿女的前程吗？

我讲一个真实的故事。有次回老家的村镇，听说某某家姑娘结婚了，大家都送上祝福。又过两天，传言说，女孩被夫家退婚了，因为她不是处女。我真是惊愕异常！但是想想也好，勉强过下去可能今后的日子也好不了，女孩儿再找其他好的归宿也罢。当天，我问知情的人："女孩子没什么事吧？"对方说："嗯，她倒是很平静的，还说也不怪男方，准备先陪陪父母，然后自己回城里打工做点事情。"（瞧，这不是很坚强的态度嘛！）

又约莫过了半个月的样子，发生的事让我甚是无语，女孩自杀了。我奇怪：嘿！不是说女孩当天没什么事嘛，怎么会突然想不开了？知情人答曰："嗨！女孩回家后想陪父母两天，谁知女孩的母亲要死要活的，一再地去男方家里跪下求情，同时也咒骂女孩这么不知自爱，应该去死。结果呢，可能因为女孩本来就积蓄了怨气在心里，强忍住没爆发只是不想家人担心她。这下可好，女孩说，你们嫌我给你们丢人了？那好吧，我就去死了吧，

死了就干净了！"

听到这消息的一刹那，我的火气腾的就上来了！这个妈妈也太糊涂了！出了这样的事情，最需要安慰的恰恰是自己的女儿，你怎么能逼女儿去死呢？你为了已经退婚的男方去逼死自己的女儿？！能拿这个事出来退婚，或者能把这事传得满城飞的男方家，这样的门风又能好到哪里去呢？男方也好，周围七嘴八舌的邻居也罢，再过个大半年，谁还会记得你这点鸡毛蒜皮的事？（事实证明，第二年那男孩就另娶他人了。）女儿若是真为这事赴了黄泉，母亲啊，恐怕你这后半辈子都会活在悔恨当中啊！

教会孩子如何准确地判断人，是子女婚姻幸福的关键。上面提到的男方且不说退婚这事孰是孰非，单单是他选择将两人的私事（或者说是女孩子的隐私）公之于众，这个男孩子的品德和心胸的确有待商榷。如果我是那女孩的母亲，我该感到庆幸。婚礼仪式也仅仅是一天就搞定的事情，但若是和品德有问题的伴侣生活在一起，那么这种痛苦是将会伴随女儿一生的。

怎样辨别孩子的男朋友或女朋友是否真诚？这里的关键问题是，他们的男朋友或女朋友对所有人是否真诚——而不只是做做样子以便赢得好印象。他们如何待人？他们的真诚是否是其本性和素养的必然结果呢？或者是因为真诚对他们有益，他们才变得真诚呢？

有调查说，88% 的人表示，中学和大学时期的经历对自己产生了重大影响，其重要性仅次于"形成了一种很强的行为道德观念"。中学和大学的经历让他们学会了敏锐地判断他人的品质差异。在不同社会环境中交往的人越多，他们就越能对配偶做出准确的判断。这个人是否真诚可靠呢？这样的问题是选择配偶过程中一个非常关键的因素。

（以下为丁妈妈叙述）

丽晴在上初中的时候，跟班里的一个女孩非常要好。（虽然这只是一种朋友关系，但是我想对教会孩子判断他人这一点上，还是有一定借鉴的意义。不只是伴侣需要敏锐的判断，朋友、社会中交往的人也都需要你具备敏锐的判断力。）她热情地跟我介绍说这个女孩是她最要好的朋友。第一次在家长会上见了那女孩一面，我就察觉出这女孩有超出她这个年龄段的冷静和"假"，总之给我的感觉不是很好。

丽晴："媛媛姐姐是我最好的朋友！妈妈，怎么样？她很好是不是？"

妈妈："我不这么认为。你最好还是多观察一段时间，不要轻易地下结论。"

丽晴："怎么可能？妈妈你想多了。她是我最好的朋友！"

丽晴一再地跟我强调"最好的朋友"，俨然没有把我的话放在心上，我最后只得说道，"你问我的意见，我就给出我的看法。当然了，我只见过这孩子一面，而且只是短暂的交谈，可能我的判断没有你的准确，毕竟你是跟她朝夕相处的人。但是我直白地告诉你我的感觉，这个孩子不像你说的那样。她的心事很重。你记住我一句话，不要太感情用事。不过，你还小，受点伤也没什么不好的。"

丽晴："妈妈你说什么呢，媛媛姐姐不是那样的人。"

我知道这孩子根本没把我说的放在心上。但是就像我早说的那样，丽晴还小，在人际交往中受点伤也没什么不好，这可以帮助她成长。我当时就是这么想的。

后来我辗转得知，因为丽晴被评上了三好学生，而这个女孩落选了，女孩就在教室里歇斯底里地发脾气，脚用力地踢着课桌椅，并且嘴里不断地反复嚷嚷着，"为什么是她？为什么是她？她凭什么……"（女孩以为教室里没人，大家都已经走光了，但"所幸"还是被路过的另外两个女孩撞见了。）

我不想追究这女孩过往的家庭教育，又或是曾经承受过怎样的心理压力，但是我想说的是，社会中的人有时候并不是你们看上去的那个样子。我也不明白这个女孩为什么要装得那么温顺，但我早知道实际上她不是那个样子。丽晴为此很受伤（还发生了很多事，这只是其中的一件，比较有代表性）。

丽晴："妈妈，你为什么能判断得那么准？你只见过她一面。平时你只是听我说她，而且你知道，我只会拣好听的说。"

妈妈："这可能就是阅历吧，几十年在生意场上摸爬滚打的积累。你不用着急，你多经历一些，也可以的。而且我相信，你会比我强，你从小就有很好的观察力。"

丽晴："妈妈，那么你当初为什么不阻止我跟她交往？我现在很难受。"

妈妈："我说了自己的看法，你听不进去嘛。"

丽晴："我是问，你为什么不阻止我跟她交往？"

妈妈："你会很难受，这一点我也想到了。因为你是我的女儿，我知道你待人真诚。何况你一再地跟我强调她是你最好的朋友。不过我转念一想，你还小，让你受点伤学点东西有好处。"

大学里有才智的人并非都具有完备的优秀品质。事实上，人们经常使用高智商作为掩饰。有些人会过分看重追求者的智力水平，以致掩饰或忽视了其缺点，正如其他人被外表魅力所蒙蔽一样。如果过于强调某种品质如智力，那么就可能忽视了真诚、乐观以及道德等品质。

出席哈佛大学的入学典礼时，我问丽晴有没有她喜欢的男生。丽晴表示有个男孩给她留下了很深的印象，我们也热情地邀请男孩到家里来做客。说实在的，我和她父亲都没有觉得这男孩有什么不好。但是过了约一星期，丽晴却说很烦这男孩子了。我追问原因，丽晴表示，起初的时候，自己对这男孩的印象很好。但是相处后却发现，这男孩就是个"妈宝"，也就是说除了学习好，专攻于他自己所学的领域之外，对外界的世界一概不知，生活能力很差，没有绅士风度，像个小女生一样胆小……

于是我很欣慰，瞧，经过从小的历练，而今我家丽晴已经再不需要父母在一旁对他交往的朋友品头论足，她有足够的能力自己分辨出合适自己的伴侣。是的，我和丽晴的父亲也都感到很欣慰。当然，丽晴的判断也有可能出错，就像我说的，一次见面或者短期的接触不可能很全面地判断一个人，但是朝夕相处的却可以。朝夕相处之下，这人给你的感受多半是真实的。而有机会与之朝夕相处的，只能是孩子自己，不会是父母，所以，还是把"如何判断他人"这课好好给孩子补上吧！

比考上哈佛重要十倍的东西

"家庭暴力"典型案例——药家鑫,西安音乐学院大三学生。2010 年 10 月 20 日深夜,药家鑫驾车途中撞人,因害怕伤者张妙记下车牌,连刺 8 刀将其致死。此后驾车逃逸再次撞上行人。翌日父母陪同他自首。26 岁的张妙家境贫寒,家中有一个 2 岁的男孩。2011 年 1 月 11 日,西安市检察院以故意杀人罪对药家鑫提起了公诉。3 月 23 日,该案件在西安中级人民法院开庭审理。以"激情杀人"之词为其辩护的声音引发了全国范围的激烈争论。4 月 22 日,药家鑫被判处死刑。

暴力一定源于暴力。研究人员曾在 13 所监狱进行了近 3000 名暴力罪犯的调查,并对其中近 200 人进行深度访谈。结果发现,75% 的罪犯都有童年期受到虐待的经历。童年期躯体虐待和情感虐待经历是预测成人之后暴力犯罪和反社会行为的有效因素。用暴力罪犯的话来讲,小时候别人打我,长大之后,我就打别人。

童年期的虐待经历,会损害一个人的情感功能。一方面会损害其情绪控制能力,这会导致在有压力的情况下,极易情绪失控,也就是失去理智。另一方面,会损害其共情能力,即理解和体会他人痛苦的能力。

问:"您是如何看待虎妈的教育方式的?"

丁爸爸:"有一定的可取的地方,但是……我不是很认同,或者可以说,跟我的教育方式是截然相反的。丽晴有一次在自己的日记中这样写道,'直到有一天,父母赚够了钱,猛然醒悟到教育的重要性……',现在这篇日记还可以在网络中搜到,的确是这样的,那时我跟丽晴的母亲经常在办公室工作到夜里 12 点,一层楼的灯都灭了,我们还没走。所以,你可以想象,到家基本上就是休息了,根本没有时间管孩子。不过也正因为如此,给了孩子比较宽松的成长环境。"

问:"虎妈的女儿考上了哈佛大学,于是很多人把严苛的家教方式视为正确的方式,纷纷效仿；但是对比丽晴的'放养'教育，因为两个孩子都考上了哈佛。那么，究竟哪一种教育方式才是正确的呢？"

丁爸爸: "坦白讲，我不会对我的孩子这样，即便是这种严苛的教育方法能通向哈佛。我认为，孩子能拥有一个阳光明媚的内心、健全健康的性格要比十个哈佛都来得重要。很多成年人的心理疾病往往是由童年开始就埋下种子的，童年的时候孩子无力抗争，这一桩桩一件件的不平就埋在内心，成为一种隐患。也许一辈子它都不会爆发，又也许当他（她）成年后的某一日，这隐患就一发不可收拾了。孩子的心理健康远比考上哈佛大学重要。"

要用"逼迫"的方式帮孩子克服畏难情绪吗？

虎妈主张：孩子越反抗，她越有韧性。

孩子们从天性来讲，绝不会爱好努力。因此一开始就不给他们选择"不努力"的机会显得格外重要。

在露露去钢琴课的前一天，她终于忍无可忍地爆发了："我不练了！"她决意放弃，站起来摔门而去。

"回到钢琴前来，露露！"我命令道。

"你不能逼我。"

"我当然能。"我们没有吃晚饭，我没有让露露从琴凳上站起来，没有喝水，甚至没有去洗手间。琴房成为没有硝烟的战场……

就在摇摇欲坠的时刻，奇迹发生了——露露的双手开始"紧密结合"，出色地完成着各自不同的任务。她越弹越自信，越弹越快，并保持着她刚刚找到的节奏。

选自《虎妈战歌》

丁妈妈说，我不愿意逼迫孩子。比如别的小孩上很多培训班，但我的女儿几乎什么都没有上。你看看当今的中国，现在的孩子真的好可怜。

孩子嘛，每个人的童年只有一次，作为家长凭什么剥夺这个唯一的童年？童年就是用来玩的啊，这时候不玩，什么时候玩？玩也不是单纯的傻玩，童年这个阶段对孩子很重要，孩子需要在玩的过程中发现自己的真正喜好，而不是父母强加的钢琴课什么的。你牺牲了孩子的童年，考到了钢琴六级，后来呢，又怎么样了呢？我看很多孩子也没有怎么样嘛，钢琴荒废了不说，唯一可以玩的童年也一样没了，值得吗？

起初我们帮丽晴请了一个老师在家教她弹钢琴，很有趣的是，每次"逼迫"丽晴练琴的恰恰是这钢琴老师，我跟她父亲是从来不过问的，丽晴的学习成绩我们尚且不问，更不用说她童年的钢琴课了。

钢琴老师："丽晴，到时候其他小朋友都晋级了，只有你过不了，你要怎么办。"（好像接下来钢琴老师对孩子讲了一大堆成人语言的大道理，我就坐在客厅里，他们练他们的琴，我就做我的事情。我用耳朵听着，也不去掺和。）

丽晴："老师，我不喜欢弹钢琴。"

钢琴老师："不喜欢弹钢琴，那么你喜欢做什么？"

丽晴："老师，我喜欢玩。"

钢琴老师："玩？你告诉我，哪有玩这门课？今后你工作了，也没有'玩'这个工作啊。"

如果有人问我，我家姑娘最善于做什么，我就会告诉他，我家丽晴最善于玩。因为一直是生活在轻松的学习氛围中，所以在丽晴看来，学习就是玩，划船就是玩，吹长笛就是玩，辩论赛就是玩……

经过那次事情后，我特地嘱咐钢琴老师，顺其自然吧，不用硬逼着她做什么，我们也从来不指望丽晴能成为什么钢琴家。弹钢琴只不过是培养她对美的感觉的一种方式。如果这样的方式让她感觉"不美"了，就背离了我的初衷了。孩子想玩就让她玩去吧，说也奇怪，恰恰是放松了"管教"后，丽晴反而很自觉地自己坐到钢琴前练习。或许，从这一刻起，才又回复到了"玩"的层面（坦白讲，丽晴的钢琴水平非常一般，但是这不重要）。

我对丽晴的口头禅是："你觉得呢？"

人都是在不断地"尝试—挫败—再尝试"中成长的，我会接纳孩子的失败，陪着她，让她自己总结出为什么没做好，鼓励她用各种方法不断尝试。

丽晴读小学之前是在加拿大度过了一段时间，所以回到国内后，汉语对丽晴反而是个问题。丽晴小时候写的汉字特别大，也不够漂亮。我并没有逼着她非得一个字写一百遍，甚至老师留的这种几十遍、一百遍的惩罚式作业，我家丽晴也从来不需要写（我预先跟

老师沟通过，算是获得了特赦）。起初我的做法是偶尔代丽晴写作业，但是后来我发现这作业太多了，我再也不想忍受了，于是我就找他们班主任沟通去了。我那时候就想，我一个经过百般历练的成年人，写这种一百遍的作业都要写吐了，不要说孩子了。你说这样的教育，孩子有可能爱上学习吗？

带领英国转型为全球化经济大国的英国前首相布莱尔，在一场演讲里说得好：面对未来经济全球化的竞争，政府不但要培养人才，更需要帮助成人培养技术，使人们有终身学习的能力。

难道时至今日，我们还要用老掉牙的价值观来衡量孩子的未来吗？比如正值高考之际，亲友频频带自家小孩来咨询我报哪个专业好。我通常都会问，在你们问"哪个专业好"之前，请先想清楚孩子的天分在哪里，兴趣是什么，除了成功之外，能否拥有快乐的生活？还有，他有没有终身学习的态度？

丽晴有时放学后贪玩，回家发现自己作业写不完，熬到很晚很困的时候，自己开始着急，就在那时候总结：明天得早点回家写作业。过了两天，又忘了。起起伏伏地，都是她自己在掌握对作业和时间的管理，而不是我在一边催着。经过不断尝试，孩子会感到自己是一个丰富的源泉，越来越相信自己有智慧、有创造力。

鼓励还是批评，
孩子的内心承受力有多大？

虎妈主张：降低对孩子的要求，就是低估孩子。

小时候，有一次我对母亲不尊重，父亲愤怒地斥责我"垃圾"。我对自己的所作所为深感羞耻，但这并没有打击我的自尊，我不会真的认为我就像垃圾一样一文不值。做了母亲后，我也曾对女儿说过同样的话——你，像堆垃圾！

在我督促索菲亚练琴的日子里，我有三句口头禅：

天哪，你怎么弹得越来越糟！

快点，我数三下，你就得找准音准！

如果你再弹错一个音符，我就要把你所有的毛绒玩具扔到火里化为灰烬！

现在回想起来，这些杀气腾腾的督战方式似乎有点过激，但它们的确十分奏效。索菲亚相信，妈妈知道对她来说什么是最好的选择。即便我有时大发雷霆或出口伤人，她也会选择原谅我。

选自《虎妈战歌》

对此，丁妈妈对我讲了丽晴的经历："每个孩子的承受能力不一样。但有一件事是肯定的，鼓励特别重要。丽晴在永安里小学读书的时候，发生了一件令她难以忘怀的事情——分班。相信很多中国小孩都有这样的经验，按照考试成绩分重点和非重点班，甚至分配班级内部的座位。具体做法是，学生按照某次考试的成绩被分成若干组，第一组的孩子可能被安排在前两个班级，人们将这些孩子称为聪明的孩子；第二组孩子安排在中间的班级，人们称他们为中等孩子；最后成绩最差的孩子被安排在最末端的班级，是的，就是那些在人们潜意识中通常被理解为差生的孩子。

要知道丽晴刚从加拿大回到中国的时候，甚至连说中文都有困难，更不用说应付中文考试了。当然，经过一段时间的过渡，丽晴就能够很好地适应，并且在以中文为主的考试中也频频取得很好的成绩。在最初的分班中，丽晴被分到了中间的一组班级中，并不是最好的；但是我们还是坚持告诉丽晴你是最棒的（不要让孩子真的相信她就是中等的孩子，或者是差生，不要给孩子幼小的心灵打上这样的烙印）。"

在美国，绝大多数成功者都声称自己是创造型人才。在美国的经济发展过程中涌现出了许多成功的创业者，他们从一开始就受到鼓舞（很多都是来自家人的鼓励），展开与众不同的思考。所以当我们中国的年轻人在标准化考试中被淘汰而受到批评（或是变相的被扣上"差生"的帽子）时，请问，难道中国的学生就只会考试吗？难道中国的教育是只注重传统标准化测试的成绩，而丝毫不关心创造能力等核心竞争力的培养吗？答案恐怕是"是的"。

分座位、分班、分重点和非重点院校等等，甚至班主任老师判定一个学生是不是"好孩子"的标准，都被分数化了。中国的教育工作者也在不断反思，希望重视孩子创造能力的培养，但是这个愿望任重道远，家长和学生仍然日复一日地被分数论绑架着。如果反复告诉有创造力的学生，"你的考试成绩差，你就是差生"，那么最直接的恶果就是学生的自信心和创造力被扼杀。

我们应当告诉我们的青少年，有很多可以获得成功的道路。我们应该鼓励他们，创造能力、实际经验、社交能力以及正直感在社会中都是必不可少的。如果讲清楚这个道理，就会有越来越多的青少年成为有成就的人。

许多成功人士在早年的时候也都曾或多或少地遭遇到来自学校的"不公正"评价，但是他们很多人从内心里压根儿就拒绝接受这种评价，始终坚信自己能走向成功（这种人具有极其强大而坚韧的内心）。当然更多的人找到了很好的启蒙老师，或是在父母的鼓励下走向了成功。

如何培养听话又有主见的孩子？

"我们到底想要孩子成为什么样的人？""我们到底要成为孩子什么样的父母？"这是两个相似但本质不同的问题。按照前者的逻辑，"我们要孩子成为什么样的人"，仿佛"孩子成为什么样的人"是"我们"能"要"出来的，这显然是不成立的。因为孩子有自己先天的气质，有他自己的选择。"孩子成为什么样的人"其实是我们无法把握的，而"做什么样的父母"是我们能够把握的，这就是两者最大的区别。当我们把着眼点放在我们自己身上而不是孩子身上，我们将体会到"能够把握"的美妙感觉。比如想让孩子"听话"，我们的着力点就是做一个"我的话孩子愿意听"的父母。

——丁爸爸

如何培养听话又有主见的孩子？首先，允许孩子做他自己。同时，也相信孩子能够做好自己。小孩子的世界和成年人的世界有很大的区别，大人常理解不了孩子为什么边吃边玩、为什么那么喜欢玩；小孩子也理解不了大人为什么那么忙，为什么陪自己的时间那么少，为什么自己喜欢的大人会不同意。他们经常会想：是自己不重要吗？是自己不够好吗？是自己不值得吗？

随着孩子的长大，他会越来越有自己的见解。而因为亲子之间在成长背景、成长经历、价值判断等诸多方面的巨大差异，孩子的见解很可能和我们不同。我们如何对待这些不同呢？尤其重要的是，今天的"新新人类"跟上一代已经大不一样了，我们绝对不能用上一代的想法来衡量如今的孩子们的世界。因为过去很多一直在用的教育方法，放到今天，可能都会出问题。

在这个理性的时代，我们要以理服人。这也是应该懂得自制的时代，个人的自由不能影响到别人的自由。这更是个平等的时代，大人小孩都应该平等地被对待。所以说，尊重

孩子和我们的不同是最重要的，在这个基础之上，我们和孩子就能互相接纳，家庭成员之间的关系就是融洽的。不畅的沟通，在当今家庭教育中已不再是个案。很多独生子女在受到良好生活照顾的同时，也背负着父母不良的沟通方式（如指责、压制、说大道理等）所带来的不满。这些不满随着时间的累积，成为父母与孩子之间沟通的巨大障碍。有能量的孩子就会通过看似不良的行为（如随意对待父母辛苦的安排）来反抗父母，实际上是想彰显自己的自立，以挣脱父母对自己的无形控制。父母如此爱自己的孩子，却因为用错了态度和方式适得其反，得到的是伤心、难过和挫败。

丁丽晴的初中是在北京就读的，这段时间她虽然生活在父母的身边，但依旧是自己安排自己的生活。每个周末，她都会一个人到海淀图书馆读书，内容包括人物传记、写实报道、经济分析及小说等。她说："这段时间的超量阅读，令我增长了知识，也陶冶了情操，受益匪浅。"

也是因为阅读，丽晴有了更宽广的视野。初中毕业后，她从报道上看到国内的高中生学习非常辛苦，大量的作业令他们每天都忙到凌晨才睡觉，早上五六点钟又要起床，身体常常吃不消。

此时已立志要到美国读大学的丽晴经过深思熟虑后决定离开中国，去加拿大求学。丽晴说，她当时想，美国的考试全是英文，与其花大力气在中文上，不如节约一半时间去学英文，用英文直接攻读数理化，结果一定事半功倍，更有把握。

对于丽晴的每一步决定父母都是完全支持的，回加拿大读高中的这个决定也不例外。丁妈妈说："虽然我也会担心孩子的决定是否正确或者是否成熟，但都强忍住作为家长的权威，我认为培养孩子独立的思考能力和对社会负责的心态是最重要的。好在，丽晴的每一步决定也都有她自己的道理，即使有时候跟我们有不同的意见，我们的惯常做法是，开诚布公地谈话，既然是开诚布公，我就随时准备接受孩子的顶嘴和不服从。"

专访丁丽晴：如何打开美国名校之路

名校最看重社会活动能力

问： 很多招生官员认为，中国学生考试成绩都很优秀，其他方面相对较差，你认为目前中国学生不足的方面是哪些？最缺乏哪些方面的竞争力？

丽晴： 不足的方面是中国有的学生能力过于单一，仅仅是学业优秀，但自理能力、独立处理问题的能力、独立思考能力都比较薄弱。

问： 看你的经历，个人才艺和个人经历都是很优秀和丰富的，这些是否为你被这些名校录取增加了很重要的砝码？

丽晴： 是的，可能我的个人陈述也给我加了不少分。没错，我承认我的个人才艺和个人经历这些的确可能是有加分，但是这些都是通过个人申请材料巧妙地传递给招生官的。写出符合哈佛大学或是其他大学招生官要求的个人申请材料，这很重要。奉劝那些为了进入名校疯狂练习个人才艺的学生和家长顺其自然吧，个人才艺在录取时起到的作用，远没有你们想象的大，还是不要本末倒置的好。花很大的精力抓不是十分重要的（事情），反而忽略原本重要的个人硬件条件，这显然不是明智之举。

选择能发挥特长的专业

问： 如果全部自己申请，是否需要借助或者咨询一些好的网站或者专家？对于一个没有任何申请经验的学生，请介绍一些比较实用和有建设性意见的网站或者书籍，以方便其他考生顺利申请？

丽晴： 首先你要做到对你申请的学校了如指掌，方法就是反复地去浏览学校的网站。然后根据学校对学生的要求看看自己是否适合这个学校。如果不适合的话，即使申请也很难被录取。别人的经验及各种网站没有任何可参考性，因为名校看重的是每个学生的个性。

是这样，自从媒体报道了我的事情后，我频频在自己的微博上收到来自家长的或是学生的有关留学的问题。好在目前问我问题的人不是很多，所以我就一一回答了。没错，如今的时代跟以往不同了，大量的网络资讯已经走过信息爆炸，走向了信息泛滥时代。泛滥意味着什么？泛滥意味着不看还好，看了反而可能走错路，因为里面的信息很多都是滞后的，甚至也有错误的。最好是直接去大学的官方网站搜寻信息，但是绝大多数中国人的英文能力可能还达不到这样的要求，并且官网上给出的大多是冠冕堂皇的理由，可能跟同学们的实际需求又相距甚远。

个人认为，微博是一个非常不错的东西，它拉近了人与人之间的距离，我给大家出一个主意，大家可以给我的微博发私信，我一般来说都会回复的。评论我的微博，提出自己的留学问题也可以，但是不要拣那种回复上百条的微博跟帖；但是可以挑那种评论的人数比较少的微博，一般来说只要是遇到相关问题的，能回复的我一般都会回复的。

问： 从资料看，你从小立志攻读商科，在报考这些世界名校时，是否在专业的报考上申请一个合理的专业，也会增加录取的成功率？

丽晴： 选择一个适合自己特点、能发挥自己特长的专业是非常重要的，这将会增加你的录取成功率。

问： 被顺利录取只是大学生涯的开始，进入哈佛后，周围的同学都是全世界的精英，应如何调整自己的心态，在开学前，应提前准备哪些东西？

丽晴： 不需要调整心态，任何时候只需要展现真实的自我，实际上现在哈佛已经开始对我们的各种知识进行摸底测试了。学生选择课程时可以参考自己的测试结果。

哈佛大学——我的申请书更像一部小说

问： 听说你的申请书是自己亲手写的，请介绍一下，如果想申请这些世界名校，申请书有何需要注意的地方，如何书写一封能成功打动招生官的申请书？

丽晴：首先要真实，确实是自己曾有过的经历，以小见大，选材独特，能让招生官产生共鸣。后来我的文书也拿给在英国旅居多年、专门从事语言研究的一个教授看过，惊人的是，他跟哈佛大学招生官给的评价竟然惊人的一致。这根本就不像平常的申请文书，倒更像是一部小说，带点梦幻色彩的小说，而且又很巧妙地把自身的经历结合到一起。

如何能打动招生官？我想最重要的是说"人话"，我并不是开玩笑才那么讲的。听哈佛的招生官跟我讲，他们能在 3 秒钟之内判断出来一篇申请文书出自谁之手。有些机构通常来说都是给学生流水线作业，弄出个模板直接往上一套。不是说不可以用，但若是申请名校，只要用了模板基本就和被拒绝无异了。所以，申请文书一是自己要主动地更多地参与进来；二是说真话是自己经历过的总比没经历过的要有血有肉；三是要有个性，不必拘泥于固有形式。

问：从申请到考试，到给每一所学院写入学申请，再到请老师写推荐信，每一步都是你自己独立完成的，请分享一下在这些申请过程中你的成功经验和心得？

丽晴：首先要给自己订一个完整的计划，并要严格执行。保持良好的心态，先不要考虑结果，要享受申请过程。过程本身就是对自己能力的一个考验。

第三章

生活点滴中的"放养"教育（二）

在我采访的过程中，我不止一次地感受到：丁家的这些家庭故事，并不是无关紧要的琐事，其实在它们的背后，是老丁夫妇的东方传统教育理念与西方现代教育方法之间的冲突和矛盾。比如，在面对邻居对中国教育的横加指责时，丁妈妈挺身而出、据理力争。而在随后的"虎妈中国行"活动中，虽然也邀请了丁妈妈对阵耶鲁"虎妈"蔡美儿，但是丁妈妈拒绝了。原因是她那天还要陪小儿子去打球。

老丁夫妇并不会死守一个理念，而是针对很多具体问题进行具体分析，从而产生正面的教育效果。比如说孩子的时间管理问题，对微博、微信等现代"游戏"工具所引发的家庭冲突，家长应该古板地一律禁止吗？当然不，除非你想培养的是"与世隔绝"的笨小孩。那么完全放任吗？也不能够，因为时代的进步终究不是依靠游戏的。类似这样的问题，不如听听老丁夫妇是怎么处理的吧，要知道他们的女儿可是哈佛"潮女"。

孩子对兴趣爱好要有充分的选择权

虎妈主张：只做正确的事，不太在乎怎样讨孩子喜欢。

我盼望他们多才多艺、全面发展，有自己醉心的业余爱好和着迷的活动。我指的不是任何爱好（比如"手工劳动"这种努力方向不明确的活动），而是更有意义、更难掌握、更能发展高深的艺术造诣和提高自身潜能的爱好。

"人世间所有意义非凡、值得去追求的事情，都充满了艰辛！"我坚信，露露只能去练习更为困难、技艺更加精湛的乐器。这样的乐器，非小提琴莫属！没有征求露露的意见，抛开身边所有人的建议、忠告，我做出了这个板上钉钉的决定。

摘自加拿大《环球华报》

丁妈妈说，女儿丽晴对兴趣爱好有着充分的自我选择权，允许三分钟热度，也允许"不良嗜好"，比如手工劳动这种所谓的"方向不明确的活动"，只要丽晴喜欢，丁妈妈也一样鼓励女儿去尝试。事实上丽晴确实参加了手工劳动兴趣小组，并一直玩儿得不错。

丁妈妈回忆道："丽晴小时候有次说想尝试弹钢琴，我们也都鼓励她去学习。但考过五级后，丽晴忽然说不想学了。对此我们也都给予了谅解，没有过多地追究，更没有像通常的父母指责孩子'三分钟热度'。"丁妈妈表示，孩子很容易从表面喜欢一个人或者喜欢一件事，作为家长既要留给孩子自己选择的空间，也要留出允许孩子犯错误的空间。也许只有在接触的过程中，才能逐渐地认清什么是适合自己的。丽晴不认为弹钢琴是适合她的，那么，她就有放弃钢琴去选择其他爱好的自由。

丽晴读高中时加入了女子划船队，虽然丁妈妈说，她那时很担心女儿因为练习划船，变得一身肌肉失去女子的柔美，但她强忍着没有说出来。时至今日，丽晴频频在校际女子划船的比赛中带领队伍取得名次。搬家时，丽晴可以自己独自收拾行李，并自豪地跟妈妈

举着结实的小臂说："看！这都是划船练出来的！"丽晴能清晰地分辨什么是自己喜欢的，什么是自己不喜欢的，敢爱敢恨、干脆利落。丁妈妈说，她从不去强求女儿做什么事情，既然女儿不是弹着钢琴等待王子的古典公主，那么就索性让女儿成为带领战士冲锋陷阵的女战士也没什么不好。

"丽晴向我'宣告'对未来的憧憬时，我都觉得挺好的，也无须参与意见，因为丽晴对自己有足够的信心，并不需要求得我的认可。我们要让孩子拥有做梦的权利，保护他们实现梦想的决心，帮助他们获得实现梦想的能力。

孩子童年时期，最重要的是帮助他们尽可能多地探索和尝试，让他们明确自己的兴趣和长处。还要帮助他们了解外面的世界，这样才能在未来发展方面做出相对成熟的选择。我还会培养她一个观点，就是工作是一种享受，从事自己喜爱的事业是一件快乐的事。

我不会像管理我的业务一样去管理孩子的未来。我想让孩子从小的时候就多接触一些事，尽量给孩子提供一些出去玩的机会。比如我和她父亲曾带着丽晴去过十几个国家，还有中国的各个城市，带着她多看看每个城市的特点，去感受这个世界。等丽晴再大一些，我就会观察她有哪些特点和喜好，在我看来，舞蹈、运动、武术、乐器等等多元化的爱好都可以让孩子去涉足，从而发现她真正的兴趣所在。"

丽晴回到加拿大后，选择在多伦多市的布兰克森霍尔学校（Branksome Hall）学习，这是一所女子私立学校。新的生活，令她感受到与中国教育完全不同的成长方式。

"在中国，学生的成长基本被局限于学校和书本。但在加拿大，课堂的学习只是成长的一小部分，更重要的是课堂外的实践。"丽晴说她很喜欢参加学校组织的各种社区活动。"在过去几年，我参加过辩论赛、划船赛，担任学校乐队的吹笛手，并且是学校商业协会的会长，还参加过旨在增强学生商业技能的 DECA 项目（美加等国家学校中的市场营销类活动）。"

讲起她的高中生活，丽晴两眼闪着快乐的光芒。她还利用数学知识在当地的一所公共学校辅导同龄人和低年级的学生，或到多伦多学校里面做义工。这些经历，令她体验到成长的快乐。

丽晴在中国接受的教育，为她打下良好坚固的数学基础。18 岁那年，她在加拿大中学生数学公开挑战赛中获得多伦多赛区的头号排名。这场覆盖全加拿大的数学公开挑战赛由

滑铁卢大学主办，丽晴在 8700 名选手中取得了比赛的第 6 名。除此之外，她在十年级还获得 Cayley 奖牌，十一年级赢得 Hypatia 竞赛。她也是布兰克森霍尔学校有史以来第一位被宾夕法尼亚大学沃顿商学院录取的学生，这其中有她数学成绩的因素，因为沃顿商学院非常看重数学成绩。

对于许多女孩子来说，学习数学是件烦闷的事情。但丽晴却觉得数学是个神奇的天地。她说："我喜欢数学，它能够挑战思维，当我完成一道题时，会有莫大的成就感。要知道，如果我努力去解一道题，我总能得到一个正确的答案，这是何其美妙的事情！"

当然，数学并不是丽晴唯一擅长的科目，她在其他科目上的成绩也相当出色。举例来说，她参加了美国的大学入学考试 SAT1，结果夺得 2400 分满分。其中，对于母语是英文的学生也很难考好的写作和阅读，她也考了满分，这对来加拿大不到三年的她，真是件不容易的事情。

丽晴说，在加拿大的这几年，她做梦也没有想到自己可以取得如此优秀的成绩。据她介绍，她刚来布兰克森霍尔学校时也曾为自己的英语水平忧虑。直到她找到了一位学习上的伙伴迈迪森·米勒，这个女孩后来成为她的好朋友，她们互相鼓励，互相帮助。没多久，丽晴的英文作文已被老师当作范文在班上传阅，演讲能力也因此大幅提高。她曾在辩论会上赢得第八名，她说自己视这为一种荣誉，因为能在一群母语是英文的同学中出类拔萃，这是很自豪的事情。

学习是一件开心和快乐的事情

"女儿可以不完成作业，从不过问女儿的学业成绩，及格就好。"丁妈妈略带骄傲地说，"丽晴上小学的时候，就像这个年代中国所有语文老师的通病一样，动不动就让学生抄几十遍、上百遍……似乎这样的教育方式还因为《虎妈战歌》的出版，而在美国大行其道。丽晴从不需要完成这种类型的作业。"丁妈妈告诉我，"我们只要求丽晴学会即可，没必要重复地劳动几十遍、上百遍，节省出的时间可以去做自己喜欢的事情，比如跟楼下的小朋友跳绳。"

丽晴自己回忆起那时候的生活，也是一脸的幸福："我很庆幸，我有如此开明有见识的父母。因为父母工作的原因，我曾跟随父母去过 12 个国家，这看似辛苦的事却开阔了我的眼界，让我能拥有一个全球化的思维方式去看待问题、审视周围的一切。然而比这更重要的是，他们让我拥有了一个可以跳绳跳到傍晚的童年，看着周围的小朋友都被一个个的补习班'收编'了，我的幸福是溢于言表的，特别是现在回忆起来，就更觉得幸福！"

学习对许多人来说是个负担，那是因为人们并没有将自己融入学习里面。丽晴告诉我，她从启蒙到现在，学习就像一个好玩的游戏，她没有因此而熬夜，即使在最紧张的考试期间，她也坚持晚上 11 点睡觉。所以，在她的字典里，学习是快乐的。

丁妈妈说："我家丽晴始终不觉得学习是件痛苦的事。这很奇怪，为什么要让孩子感觉到学习是痛苦的呢？学习本来就是一件开心和快乐的事情。孩子感觉痛苦，那是因为很多老师和家长把'抄写一百遍''盯着书看，不用过脑子''耗费时间'也当作了学习的一部分。作为家长，我们要尽量地还原'学习'最可爱、最讨人喜欢的一面。"

丁爸爸实话实说："说心里话，我和她妈妈一直没有将心思放在孩子身上。丽晴有今天，全靠她自己的努力。她经常对我们说，她是个独立的孩子，她的事情自己会处理，不需要我们过多地操心。"

坐在父亲身边的丽晴接着话题说："其实我觉得这样蛮好的，因为父母都在忙，反而令我觉得自己要学会照顾自己，这样才能免去他们的担心。久而久之，反倒养成我自律和有主见的性格。"

在选择大学时，从申请到考试，到给每一所学院写入学申请，再到请老师写推荐信，每一步都是丽晴自己独立完成的。这种"我的学业我做主"的行为，在中国也许会被解读为任性和目无家长，但在丁家却获得高度的认可。

丽晴说，她很感激父母对她的放任，她说这是一种很重要的鼓舞。

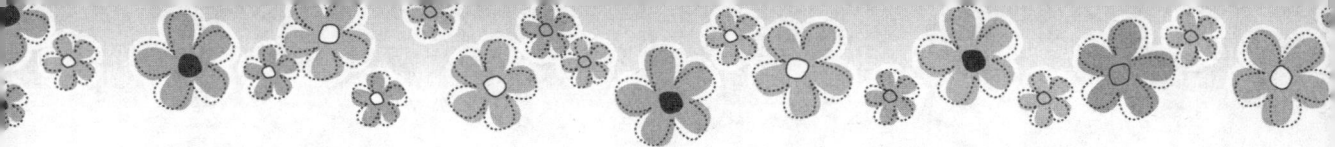

牺牲孩子童年的快乐来换取将来的成就，值得吗？

虎妈主张：从来没有给孩子选择不努力的权利。

我的西方婆婆把童年看作逝去就永不再来的欢乐，我把它看作一个进行基础训练、塑造个性和为未来投资的阶段。弗洛伦斯（我婆婆）常常希望能有一整天的时间可以和孙女待在一起。可我从来不会把整整一天变为女人们随心所欲的"开心秀"。否则，她们就没有时间完成作业、学说中国话、练习钢琴和小提琴。

选自《虎妈战歌》

虎妈们通常对自己有较高的要求，往往也会给子女设定较高的目标。略高于孩子目前水平的目标有利于激发孩子的潜能，培养孩子的自信，提升孩子的能力。但是如果忽视孩子的实际能力水平，只根据自己的标准和期望设定过高的目标，对孩子来说就弊大于利了。如果孩子无论怎么努力都无法达到设定的目标，久而久之就会对自己丧失信心，觉得自己没有用，进而丧失继续努力的动机。

最糟糕的是，即便当孩子达到预先设定的目标时，虎妈们由于担心表扬会使孩子骄傲，失去继续前进的动力，而不太愿意把这种喜悦明确表达。所以每次孩子达到目标之后，虎妈们的反应往往是"你还可以做得更好"，或者"以后要继续努力"。孩子们很难因为自己的努力得到赞扬，享受成功的喜悦。长此以往，孩子会逐渐丧失追求成功的动力。而当孩子遭遇失败时，虎妈往往更多地看到孩子在这个过程中做得不够完美的地方，将失败归咎于孩子，却没有看到孩子付出的努力。对于孩子而言，这是"双重打击"。次数多了，不但不会"奋起直追"，反而变得更加不自信。比如蔡美儿的父亲无数次地对她讲："你就是个废物！"

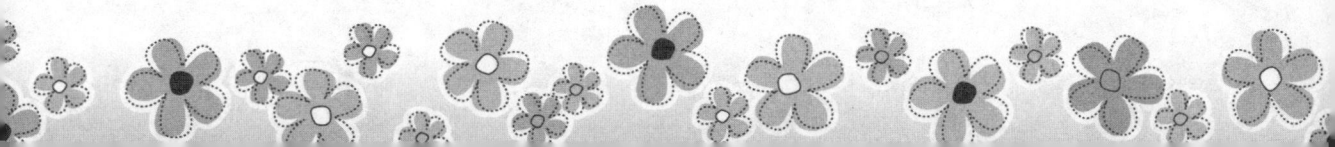

丁妈妈主张，不要强迫孩子做他不喜欢做的事。

兴趣是最好的老师，让孩子感兴趣的内容才能吸引其主动学习，并克服困难坚持下去。因此，父母要做的是想方设法营造愉快的学习环境，引发孩子的兴趣，协助孩子从中获得有趣好玩的经验，把功夫下在培养孩子的学习兴趣上，找出他真正的兴趣所在，并在孩子遇到困难、出现动摇时鼓励他坚持下去。

从孩子今后长久发展的角度来讲，调动起孩子主动求知的欲望（其实求知欲是每个孩子天生就有的），让孩子感到学习是他自己想要做的事情，要比获得了多少知识重要得多。童年逝去了就不会再回来，这是显而易见的。此外，更重要的是，孩子需要在那些看似漫无目的的玩耍中，找到自己真正喜爱的。家长给予适当引导，也是一个孩子形成良好习惯的关键所在，比如儿童的意志力和益智力，就是从玩耍中培养出来的。

"我会尽可能放手让丽晴做她喜欢的事。"很多时候，我们需要让孩子快乐地做他享受的事，童年的经验会影响孩子的一生。玩耍是儿童内心世界的直接表达，它能保护孩子的想象力和创造力。因此我们需要特别关注孩子的玩耍，鼓励并给他玩耍的自由。

对孩子提出合理的期望，并且当孩子达到预期的目标时，要及时表扬和鼓励。对孩子的期待应当考虑到孩子自身条件和实力，为孩子设定的目标应当是孩子经过努力可以达到的。还要有足够的耐心等待孩子达到每一阶段目标，并等孩子具备了一定的能力和经验后，再慢慢提高标准，这样既可以让孩子的能力逐渐提升，又可以培养孩子的自信心。在这个过程中要学会欣赏孩子的每一点进步和变化。让孩子知道你为他的进步由衷地喜悦，为他感到自豪。

特别要注意表扬的方式，明确指出孩子做得好的地方就足够了，对孩子的表扬和鼓励措施都要马上兑现。不要将孩子的成功打折扣，不要让孩子觉得其实你并不满意。不要对孩子说类似"你把玩具放回原处这很好，不过如果你能把它们放整齐些就更好了"这样的话。回想自己在工作中，如果很努力地完成了某项工作，但是领导给予的竟是打了折扣的表扬，你那个时候是什么心态？同样的，我们也不应该这样去对待孩子，那会让孩子感到压抑。

最严重的是，长期的压抑如果积攒在孩子的内心得不到有效释放，很可能孩子在成年后找其他的释放口，很有可能不是良性的释放。孩子会将这种压抑情绪产生的不良行为再传给其他人；又或者把自己的下一代塑造成不敢向权威发起挑战的、从骨子里就带有奴性的小孩……相信无论哪一种都不是成功的家庭教育方式。

最后，切忌把自己的标准强加到孩子身上，强迫孩子学习。虎妈们通常坚信"命运掌握在自己手中"，希望孩子具备更高的能力、更多的技能，从起跑线开始占据优势地位。于是按照自己的标准，替孩子安排各式各样的才艺班，将孩子的时间占得满满的，却没有问过孩子是否有兴趣。孩子即使反抗，也常常是"抗议无效"。

孩子被迫去上各种自己并不喜欢的课程，对父母只能是抱怨，对父母的良苦用心一点儿都不领情。这样的学习，对孩子不但没有多少帮助，还可能因为不愉快的经历使孩子产生逆反心理，对日后造成不良影响。

时间管理是孩子要具备的基本素质

自从有了网络，整个世界都变了，教育的方法也不得不改。比如有了搜索引擎这玩意儿，孩子们再也不必缠着博学的老爸问东问西，只需要简单地敲击键盘，百度、谷歌会给他们任何想要搜索的东西，显然要比我这个老爸还要靠谱。

就拿丽晴的申请来说，包括选校、撰写申请文书、面试、与包括哈佛在内的五大名校的招生办公室取得联系，直到最后拿到录取通知书，这一切环节我跟她妈妈都没有参与。直到丽晴拿到哈佛大学录取通知书的那一刻，我们甚至还都没有见过她的申请文书；直到哈佛大学的招生官在入学酒会上跟我大赞丽晴的申请文书写得如诗如画，我甚至还都不知道丽晴到底曾写了什么；直到丽晴把这些文书收录到本书中——我总算是看到了。

倒不是丽晴刻意地隐瞒我什么，只是我们的丽晴一向是很独立，就包括上学这件中国家长普遍看重的"大事"，在我们家看来，这也是丽晴"自己的事情"。因为是自己的事情，所以她有充分的自主权和决定权，而不必非得向我们汇报。丽晴不是从属与我和她母亲的，她是独立的人，拥有独立做决定的权力。

——丁爸爸

（以下为丁爸爸叙述）

互联网时代的信息爆炸，在培养孩子的独立性这一点上反映出的，是让孩子们拥有比以往任何时候都得天独厚的优越条件。本来需要求助于他人的事情，如今很多都可以通过电脑来解决了，比如搜索学习相关资料、网络购物、网上交友、网络银行、网络游戏……

互联网时代不仅带来了正向性的海量资讯，与此同时，也同样带来了"时间黑洞陷阱"。时间像河水逝去，而对时间流向的自如驾驭，才是个体成熟与否的重要标志。

科技越发达，耗费时间的新玩意就越多，甚至最近给"非死不可"（FaceBook）做估值的时候，用户在其上耗费的时间居然也成了投资人最为看重的评估指标之一。全世界有

近 5 亿年轻人用自己的"宝贵青春"成就了 FaceBook 的一代伟业。

身边已有不少人开始感到内疚，因为在微博、SNS 上"成瘾"，升华到无时无刻要上网、更新、评论的地步。他们说，这是过去 10 年来最好玩的社会性智力游戏。就像 FaceBook 一样没有想清楚盈利模式之前，微博也是一样，不过又是一个玩具。恰似如今走向没落的博客，也曾红极一时；但这种游戏消耗品终会因为人们的兴趣到达顶峰后衰落，走向没落……

也许我的观点过于偏执了，在互联网企业倾注心力做大微博的今天，在你我一众之人行、动、坐、卧绝离不开微博的今天，在各种财经、文化评论家一致看好微博前景的今天……好吧，这仅代表我个人的看法。我坚持认为拉动时代再往前进一步的，一定是带有科技含量的产品，而不是过度纵容人们的玩乐而不产生经济价值的玩意儿。

我不怎么担心丽晴，因为她能理智地驾驭自己的时间，比如曾在腾讯微访谈上回答网友问题，一个小时答疑时间结束后，女儿就又投入到学习当中。而且，第二天恰逢哈佛大学的写作考试。

我从来不认为第二天有个什么考试就是天大的事情，孩子需要为此停止一切娱乐活动。没这个必要，只要她自己认为可以，那就可以。比如第二天是期末考试，但是丽晴想要在前一天晚上看韩剧。我认为可以，没问题。只要你认为自己能应付第二天的考试，能早早地起床，就像平时一样。我想你也不希望孩子在考试的时候，还在惦记着前一天的男女主角到底怎么样了……

当然了，从另一方面看，过小的孩子可能没有如此好的时间把控能力，那么就告诉她：起不来，迟到了，考不好是你自己的事情，这是你自己的选择！自己去承担！自己去承受由此带来的羞耻感。但是，对于还不怎么成熟的小孩子而言，家长督促其对时间的管理就显得很重要了。我想你总不至于希望孩子把大把的时间都贡献给网站提升流量吧。现在的孩子面临的诱惑真的是太多了。

今天的孩子们不能很好地管理自己的时间，恰恰是源于自己不能独立，源于自己对父母的依赖心理，这是根源。而这种依赖心理是父母在长期形成的"包办式"教养模式中潜移默化造成的。

我不让你看韩剧，是因为我要你去学习——通常都是家长要怎么样，而不是孩子自己要怎么样。我要你考出好的成绩，上好的初中、高中、大学；我要你找什么样的伴侣；我

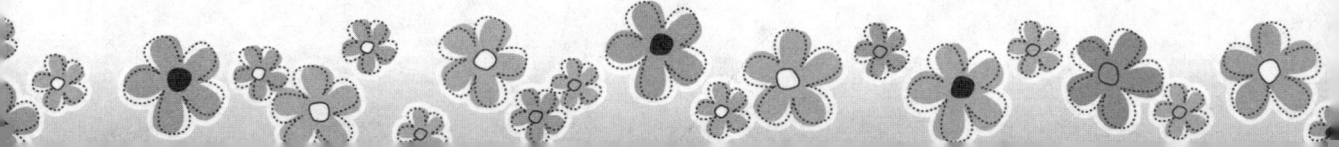

要你找什么样的工作……所以，孩子理所应当地可以理解为："我的行为"买单的是父母，而不是自己。

要让孩子学会"为自己买单"，比如丽晴如果因为前一天玩得太晚，第二天起不来，耽误了自己的考试。我认为这非常好！至少这让她知道自己这行为是错的。我用不着一早给她指出来，阻止她犯这样的错误，这跟我有什么关系？成绩差和由此带来的耻辱感都是她在为她自己之前的行为买单。当一个人总是不面对"结果"，就会造成他不敢面对未来"摊牌的那一刻"。

比如，今天你教女儿烧饭，就算她乖乖下厨了，是不是可能炒完，把锅、铲一扔，下面清理的事情就不管了，由你去收拾残局？如果这是你孩子的行为，那么可能他们长大后，就容易形成做事做不完，弄一半就搁一边的个性，这就是你从小惯着她养成的。没错！从小养成的！如果你不从孩子小时候就教她，自己摊在地上的玩具自己收、自己弄乱的桌子自己整，她很可能到大了后，自己做的事，自己不会负责。说得更直接一点，他们会逃避责任。

时间也是需要孩子自己管理的，需要从小就学会管理时间，并为自己的一切行为负责。告诉孩子时间的重要性：你怎么对待时间的，时间也会相应地来回报你。父母都希望孩子将来能够成功，孩子成功需要具备管理时间的基本素质。因此，父母首先要让孩子认识到时间的重要性。（时间管理对很多成年人也同样有帮助。）

孩子一般都没有时间观念，对处理事情的先后顺序也没有清楚的认识，这样在不知不觉中会使大量的时间溜走。通常来说，时间的第一个流向是为了最基本的生存。要存活，必须将时间都耗费在那些对存活至关重要的事情上，从早到晚的忙碌才能有收入，都是紧急要办的事情。这时候，不是你在驾驭时间，而是其他人驾驭时间，顺便驾驭了你。存活之后，时间开始流向第二个目的地：幸福。其实这些事远比想象的要多：参加孩子运动会、陪父母回老家，做个彻底的体检，还有从小就有的一些愿望（我小时候就想做一个图书管理员），这些都需要你投入更多时间和精力才能达成。花费在这里时间越多，你就会在产出和效率之间有更好的平衡，生活也会更有幸福感。

如果时间只流向这两个目的地，那就万事皆顺了，但时间还会流向另外两个岔路。其中往那些既不重要也不紧急的方向流逝的，是迷失的"黑洞"；而流向无足轻重却又紧急的，是焦虑的陷阱。流向"黑洞"的可怕，并不是投入产出不成正比，而是"黑洞"像八爪鱼一样捆绑你，侵蚀你的宝贵时间，你无法挣脱之余，还会因此产生莫名快感。那些不

停刷屏，关注每一条评论的"微博控"不正是如此吗？

让孩子学会分出事情的轻重缓急。在第一时间把那些必须且紧急的事情做完，再去做别的事情，这样合理利用时间，有利于提高效率。丽晴很小的时候，就不需要我和她妈妈为她安排任何事情。我和她母亲的工作都很忙，无暇顾忌到丽晴的学习，有时甚至是对生活也很忽略。但家庭成员之间的情感交流是从未缺少的。我们没有像其他父母一样"督战"，但是丽晴依然能取得不错的成绩，我想这和丽晴从小就养成的良好习惯是分不开的。（孩子的良好习惯要从小养成，这样当她长大些时，做家长的反倒不必太过操心。）每个周末，丽晴早晨起来第一件事就是摊开记事本，写下自己一天要做的事，并且按照轻重缓急标注清楚。接着，丽晴按照自己所列的任务单逐项完成。完成这些任务之后，丽晴可以到楼下跳绳，尽情地做些她喜欢做而在大人看来是没有任何意义的"耽误时间"的事情，这是她对自己一天努力的奖赏。如果女儿完成得非常棒，她当然值得享有这些时间。这样，根本不用我跟她母亲每日"督战"，丽晴不但能把学习处理得很好，同时还留有玩的时间。

偶然地，我在一本时下热卖的"职场畅销书"中看到一段话，大意是交代新入职的员工应该将一天的工作，分轻重缓急罗列开来，再逐项处理，每处理好一项就勾掉一项。我禁不住想，这还用说，这难道不是从小就应该养成的习惯吗？我由此联想到我们公司新入职员工的表现，比如"加班控"，直到快下班了才想起来很多今天该完成的紧急重要的事情还都没来得及处理。看来"时间管理"已成了新员工入职培训必修课。

父母还要教会孩子统筹安排，这样才会在同样的时间内做出更多的事情，提高时间的利用率。就拿日常的做饭举例，需要花费较长时间的可以放在最先做，比如煮饭、炖肉这些耗时间的活儿；同时呢，可以利用焖煮食物的时间空当，完成洗菜、切菜的环节，最后当米饭蒸熟、肉炖好端上桌，你再花几分钟炒个蔬菜就可以完工了。

我想没有比利用教孩子做饭的机会，教她统筹安排时间更直接的机会了。起初丽晴总是很认真地洗菜、切菜，处理好一件事情后再开始另一件事情，比如完成洗菜这个事后，炒菜；完成炒菜这个事后，炖肉；最后是煮米饭。这时，我就会在旁边不经意地来一句，你为什么让炉灶闲下来，如果先把肉炖上是不是可以节省时间？

丽晴此时会停下来想想我说的话，然后说，"喔，是啊！果然是！你不愧是爸爸。"等到下次丽晴做饭时，她就会先把肉炖到锅上，接着菜也炒好了，一家人都等在一旁吃饭的时候，才发现米饭还没有做。其实，我早就知道她忘了一早把米饭蒸上了，但是我也没有提

醒她，我知道她饿了，当然我和她妈妈也饿了，但是因为饿了，所以这个教训才会让她将时间统筹的重要性记得更牢些。

你也许会问，为什么你和她妈妈都在家，却要孩子下厨？从表面上看，我在教孩子做饭，但更重要的是，我要她通过学习做饭练习合理安排时间。

因为孩子做事情大多都是一件事情完成后，再去做另外一件事情。父母要教孩子学会同时做几件事情，根据事件的特点与需要的时间学会统筹安排，这样能够节约时间。当然这之中也是反反复复的，我们也要给孩子留出犯错误的空间。

没有青春期的孩子

当与我同龄的孩子频频陷入"青春期问题"，每天一到学校就充斥着小孩控诉家长"罪行"的大讨论；同时孩子也在检讨自己，"听说青春期的孩子都这样，一到青春期都难免跟家长产生矛盾"。当时我就暗暗地想，也许是因为我成熟得比较晚，还没到青春期，所以跟家长没有发生矛盾，相处得很融洽……可是直到如今，我考上了哈佛大学，依然没有爆发和家长间的所谓青春期的矛盾，反而彼此的感情随着日子的积累越发的深厚了。我于是惊呼：啊！原来我是一个没有青春期的孩子！

在我记忆中，小时候总听见邻居家传来用竹扫帚打小孩及小孩撕心裂肺的哭喊声："不要打啦！不要打啦！我不敢了！"有些家长还会送老师藤条，拜托老师"修理"不用功的小孩。碍于教委的规定，在我读书时，老师就已经很少体罚学生了，但还是免不了骂上两句的精神折磨，和招呼家长来"上个眼药水"。

——丁丽晴

（以下为丁丽晴叙述）

一次，我妈妈和邻居阿姨在一起聊天，我也在场。

邻居阿姨："浩浩（她儿子）马上就高考了，我把电视机给他封起来了。省得他看电视。"

我很奇怪："妈妈，你不是说，浩浩哥哥一向很乖的吗，为什么要把电视封起来？"

妈妈也有些不解："是啊，浩浩最近看电视频率高了是吗？"

邻居阿姨："也没有啦，他还是那么乖，只不过我听说，很多同学的家长都把电视封起来了，那我想我们也动手封起来好了，他就是想看也看不成。另外，也表示个决心，你看：我和你爸爸为了你高考也不看电视了。"

妈妈把眉头皱了起来，"我劝你还是把封条撤了，浩浩是个很乖的孩子，你这样反而容易让他产生逆反心理……"

看上去邻居阿姨颇为自己的"妙招"感到得意，而我只是觉得很难过，虽然我当时年龄很小，但是我还是觉得很难过。虽然不被信任的人不是我。现在想来，我是为浩浩哥哥"失去信任"的家庭关系感到可悲吧。

阿姨走后，我问："妈妈，你会不会把咱家的电视也封了？"

妈妈："你说呢？"

我想了一下，说："你不会，你不是那样的妈妈。"

（以下为丁妈妈叙述）

作为家长，你要了解你的孩子。学校老师不可能非常全面地照顾每个孩子，也有可能会发生"误判"的事情。不要老师或者其他的人说孩子不好，你就认为孩子不好，甚至递上藤条请老师"体罚"孩子。我对这种家长最不耻。怎么能把孩子当贼一样提防呢？你想想，如果全部人都不相信孩子，孩子该怎么办？家长要相信自己的孩子就是好孩子，你要了解他，相信他，并且鼓励他。即便在他被误解的时候，他也知道永远有你跟他站在一起。

孩子如果有错，你可以跟他讲理，你越是心平气和跟他讲理，他越能心平气和地跟你说理。家长又怎么样，权威又怎么样，谁还不会犯错误啊？因为你是家长，你犯了错误就不需要道歉吗？你要给孩子申辩的机会，如果事实证明你错了，你就得给孩子道歉。大家是平等的，对待孩子要像对待朋友那样。人重之，乃至自重。当你以平等的态度对待孩子，大家讲理，而且真理之前一律平等的时候，你的孩子就会尊重你，并且自重。

处于青春期的孩子，独立意识逐渐增强，慢慢地有了自己的想法，当他的想法跟父母的不同并表现出来的时候，父母就常常会觉得"孩子怎么不乖了"、"孩子怎么越来越叛逆了"。应该如何去处理孩子青春期的问题呢？

父母要学会跟孩子交朋友。看看你的孩子最爱干什么，那你就应该去了解一点，找一些共同语言。后来我发现丽晴稍大些后喜欢研究不同商业模式，对经济领域也很有自己的想法，于是我就有意地去搜集这方面的资料。当我跟她聊起 G20 峰会的时候，丽晴表现得很兴奋，"妈妈，你也喜欢这个？你怎么知道这么多？"也有的时候，比如一些国际性的经济会议，丽晴因为有事错过了观看，我会观看，并且事后讲给她听，要知道，我自己也从中受益匪浅。

孩子喜欢什么，父母不妨也去学一下。一些家长常常说跟孩子没有话题，的确应该反思。

丽晴个子高，喜欢打篮球，起初我们两个人在这方面没有什么共同语言，后来我有意地去了解 NBA、乔丹、科比、姚明，装作不经意地跟孩子交流，一起观看比赛……丽晴常常跟同学说，我妈妈很潮，跟别的家长不一样。

但最初的时候，我们之间也曾因为我反对她这个爱好，起过小小的争执。后来他爸爸劝我放手，我也忍住自己的情绪没有爆发。随她去吧，也不见得女孩子就只能有文静的爱好，既然她喜欢这么男孩子气的运动，我也应该支持。我家的丽晴不是小公主，我家的丽晴是勇士。这也很好嘛！

为什么看上去丽晴像是没有青春期的孩子？这是因为自小我们传递给她的信息就是：我们是朋友，我们是平等的。你不需要仰视我，你我都是一样的。孩子也许不愿意跟"管理"自己的权威说真心话，但是她一定会愿意跟自己的朋友讲真心话，青春期的孩子尤其是。

非常搞笑的是，丽晴曾问过我，"妈妈，为什么我的青春期还没到？你做好了我跟你打架的准备了吗？"我会很平静地回答她："你不能无理取闹，但如果你说的确实有道理，我会听你的，咱们家一直是这样。"虽然我心里其实非常想笑，但我知道丽晴此时是认真的。

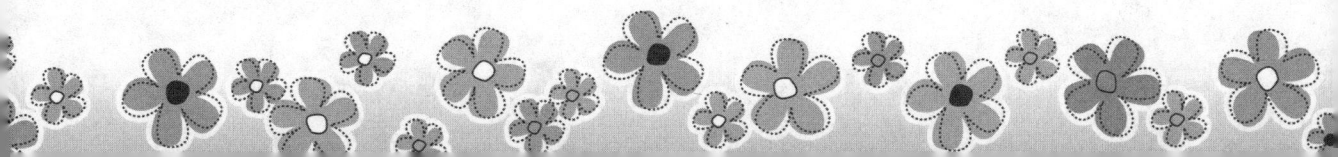

像个吉卜赛女孩一样四处流浪，传递爱也感受爱

丁丽晴和好朋友米勒曾去往宁夏回族自治区银川市兴庆区第三小学担任义工，希望能用自己的方式给孩子们讲课。

第一天，她们请小朋友们用英文描述小伙伴的外貌特征，第二天描述小伙伴的性格特性。她说，这样的授课方式是一个循序渐进的过程，先感性后理性。为了活跃学习气氛，她选择了一本《戴着帽子的猫》的童话书，分配孩子们扮演不同的角色，用情景表演的模式来讲述书本内容。后来，她们还将这次支教活动图片做成展板，希望号召更多的义工去帮助这些孩子。

"其实做义工的过程，也是一个学习的过程。"丁丽晴说。听着孩子们朗朗的读书声，看到孩子们带着红晕的小脸儿上洋溢的笑容，丽晴感受到一种被需要、被爱和被接受的温暖。人常说，施比受幸福。起初，丽晴以为是去给予爱的，没想到被爱的却是她自己。自此，她更充分体会到这句话的含义。

除了到非洲和中国宁夏做义工外，在加拿大居住的两年多里，丽晴一直坚持每个周四和周六放学后到当地的公共图书馆教那里的智障儿童读书。丽晴说，刚开始做这事儿时，如何教这些孩子念书，她会在心中订个计划。但渐渐地她发现，和这些特殊的孩子沟通最需要的不是书本知识，而是赞美和拥抱。她说："当我赞美或者拥抱他们时，孩子们的脸上都会漾起幸福和快乐的笑容。这比真正教会他们多少书本上的东西重要得多。"这些孩子有的不会说，有的不会走，但他们能感受到她的爱。

因为父亲工作的关系，丁丽晴奔波在十几个国家之间。她结识了来自世界各地的朋友，体验着不同文化之间的碰撞。在接受文化差异的前提下，她找到一个平衡点，这个平衡点就是爱。因为她深切地感受到，爱存在于每个人的心里，不论生活在地球的南端还是北端，不论是白种人还是黑种人，有爱就有友善，就有感动。丁丽晴说："我像个吉普赛女孩一样四处流浪，传递爱也感受爱。"

（以下为丁爸爸叙述）

我觉得每个孩子，尤其是被宠的孩子，都应该找时间走进贫苦的地方。因为只有这样，才能体味真正的感恩，也才能见到社会的另一面。知道自己过好日子有多么幸运，也才知道世上有多少可怜人需要被关怀。

丽晴这辈子第一次去非洲，是陪她的老师到当地给孩子们讲课——数学课。丽晴跟非洲的孩子们同住在一起，生活条件很简陋。白天丽晴给孩子们讲课，到了晚上大家也可以在一起聊天，正是通过这样愉快的沟通，加深了彼此的了解，增进了感情，也产生了友谊。那个暑假下来，她晒成一个小黑炭，离开非洲的时候，还抱着孩子们哭。隔了一年，丽晴又来到非洲大陆，继续到贫困的山区支教。她已经和当地的孩子、村民成了朋友。

丽晴高中时，每年都坚持到学校附近的一个残障儿童的育幼院做义工。她在暑假期间，有时就干脆住在那儿，为脑性麻痹的孩子喂饭、洗澡、复健，教他们做游戏，还给孩子们讲课，读故事书。接下来，回到学校发动学校的同学们为育幼院募款。这一切都是丽晴和伙伴们独立策划并完成的。我知道，因为她学会了知福、惜福和感恩，所以她比同龄人更懂事、更成熟、更体谅、更宽容，而且她会因为行善、助人而活得更积极、更快乐！

中国人现在压力很大，孩子是这样，成人更甚。谁不曾经历职业倦怠期，谁又不曾陷入生活的困局。职场本来就是利益关系综合体，你不捍卫自己的利益，没有人会主动帮你捍卫。不为人知的职场信仰缺失或生活困局，在打造出中国经济这列飞速向前的列车的同时，也让越来越多的职场人深困其中。

25岁的上海姑娘潘洁因"过劳死"病逝，很多人为此唏嘘感慨，因为有很多共鸣——觉永远睡不够，工作永远做不完，加班、饥饱不定。一时间"被工作狂"饱受热议。值得玩味的是，调查显示，七成职场人担心自己"过劳死"，有八成职场人愿意用自由换高薪。

身体和生存，不在天秤的两端，竟成了相互抵消的对立物。如果问问自己，在越转越快的飞轮里，你愿意被动地跟随甚至投入全部气力，还是懂得适当地停一停，懂得允许自己偷一偷懒，听取来自身体的声音？有越来越多的人意识到，人生之路不再是一条按部就班的直线，你可以给自己设定"间隔年"，走出去，融入全然不同的文化与民族中，帮助别人，也是帮助自己。

做义工并不是因为"有特殊的人群需要帮助"，恰恰相反，得到帮助的正是我们自己。你总是以为你是来施与"爱"的，但往往被爱得彻彻底底、穿透骨头的却是你自己。真正的感恩，是在自觉自愿中的欣赏和感谢，是感于内而形于外的表达，是用心体验人与人之间的美好，而非基于亏欠基础上的还债。

很多时候，中国式的报恩观念仅停留在表面上。女儿你之所以要孝顺我，是因为中国传统的道德观念，还是你骨子里真切地感受到了我对你的爱？爱是人和人之间的连接，而且是不以功利为目的的。无论是孝道或是报恩，某种意义上，把人际的付出看成了一种债务，即所谓的人情债，这贬损了爱。真正的爱是不求回报的，女儿我爱你，不是为了我需要你将来有一天侍奉我终老，我爱你仅仅是因为我爱你。

父母与子女之间的关系永远是不对等的。现代社会，缺乏有效沟通的家庭很多。而健康的家庭模式应是孩子接受父母对自己的爱，并且将爱传递下去，好好地爱自己的子女。

我们常常说爱，其实爱中还包括被爱的能力。一个能接受爱的人，能够用心感受他人的美好，自己带着被爱的感受好好地生活下去，在有机会时表达自己的感恩，在有余力时去帮助自己能帮助的人——那才真是懂得感恩的有情人间。

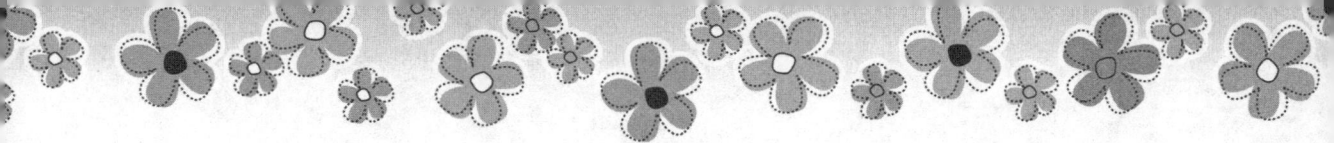

从不撒谎的"小公主"

我不希望丽晴和其他企业家二代一样，只关注最新一季的时装潮流、名牌商品，但是我一直鼓励丽晴注重自己的外表，我认为这很重要，特别是在国际化交往中很重要。女孩子把自己扮得美丽是与生俱来的责任之一，女孩子的降生就是来点亮这个世界的。我希望女儿坚强、勇敢，并自己动手开创自己的美好前程。

我注重培养丽晴坚强而勇敢的性格，以便能够适应这个社会的需要；但是同时我也不想象很多妈妈那样，约束孩子对于"美"的感觉。恰恰相反，我甚至有意地从丽晴很小就开始引导她对"美"的独特感觉。在我看来，"爱美扮美"和坚强勇敢毫不冲突。我不能理解，为何有的中国母亲视"爱美"为毒蛇猛兽，把它和"学习下降"甚至是"不务正业"自然而然地联系起来。

——丁妈妈

（以下为丁爸爸叙述）

丽晴还是个孩子的时候，有一次边翻着她的童话书，边认真地问我："爸爸，你说我怎么样才能找到王子呢，从此跟王子过上幸福快乐的生活？"（童话书的结尾都是这样的。）

我："那你先要把自己变成一个真正的公主。"

丽晴："我想要一个小岛，就像这书里画的一样漂亮。"（童话人物都是生活在美丽的小岛上。）

我："很好啊！自己赚钱买一个小岛吧。"

此后的几天，我察觉到了丽晴细微的变化，比如穿妈妈的高跟鞋、衣服，偷偷地搽妈妈的化妆品，很晚了要睡觉的时候，怎么也不肯睡，嘟起个小嘴，问像不像樱桃小口。总之女儿变得更爱美了。这说明，女儿对"美的意识"开始觉醒了，这是积极的事。

翌日，我们安排了丽晴刷碗。但当我走到洗碗池旁边，发现里面都是化妆品的残留物，还没有被水完全冲干净。我知道小家伙赶在我们下班回来之前又是"精心装扮"了一番。此时的丽晴对"公主"的理解，仅仅停留在童话故事的层面，但是我也不想一上来就给她讲大道理，可以等待合适的机会慢慢地引导孩子。

我："丽晴，你过来一下。你是不是偷用妈妈的化妆品了？"

丽晴低着头走过来，小声嘟囔着，没有承认。

我："亲爱的宝贝，我要批评你。不是因为你用了妈妈的化妆品，我反而觉得用化妆品学着打扮自己这没什么不好的。但是你竟然说谎！这是我首先要批评你的。你知道更严重的问题是什么吗？你竟然忽略我交给你的正式工作，你扮漂亮我不反对，但是你竟然因为扮漂亮，忽略正式的工作，这就是非常不对的！"

丽晴大声地回应："我没有！我完成工作了。"

我："你认真刷碗了吗？"

丽晴大声地回应："我刷了！我刷了！"

我："是的，你的确是刷碗了。但是你没有责任心。你是赶在我回家之前匆匆忙忙刚刷的碗。明显地，这碗就没有平时刷得干净。而且最主要的是，你知道化妆品这东西可能有毒吗？你怎么能在家里人洗碗的池子里倒化妆品的废物呢？今后你如果要化妆的话，就大大方方地化，但前提是你要先完成你的本职工作，认真地完成。"

丽晴眼睛变得很亮，"爸爸，你真好。我知道错了，今天的确是我不对。碗我一会儿重新刷一遍。我记住了，今后完成任务之后再玩儿、再化妆。"

我的本意是想通过"刷碗和化妆品"这件事，告诉丽晴工作和生活是需要有计划性的，不想让她混淆工作和"爱美"，如果要追求美，也应该注意次序问题，让她明白何为主何为次。但是在这个突发事件中，我又无意中捕获了"丽晴初次撒谎"的难得机会。

在我看来，孩子年幼时有一些谎言，不属于道德意义上的撒谎，不应该被责罚。例如，丽晴小的时候经常跑来跟我们说，自己发明了个小玩意儿可以帮助姥爷浇花；一会儿又说自己捣鼓了一种彩色的胶水有多么神奇（其实就是把颜料兑到胶水里）……丽晴经常自己

动手发明一些小玩意儿（没什么太大用处，而且即使有用处也不像她描述的那样，用成人的严苛标准看，就是些破烂儿）。但是我从没有批评她（或者说拆穿她），反而鼓励她大胆地想象，用茄子皮、用玻璃弹珠、用随手抓来的小玩意继续进行各种新的组合。我想至少这对锻炼她的创造性思维是有好处的，所以不打算"揭穿"她。

孩子常常会犯错误，面对过错，会有恐惧心理，应该用宽容、体谅的心去对待说谎的孩子，特别是在她最初尝试说谎逃避惩罚的时候。

在我的记忆中，这或许是丽晴初次尝试着说谎（目的是逃避惩罚）。因为我注意到孩子不是理直气壮地来一句"我没有偷用妈妈的化妆品"，更准确地说，她是在小声嘟囔。由此可以看出，她的心理正在挣扎：我要不要撒个谎呢？撒个谎能不能逃避惩罚呢？其实，我相信，那个时候孩子想到的更多的还不是后期的惩罚问题，而仅仅是"我要不要撒谎，爸爸看上去好凶……"

虽然我的态度看上去是严厉的，但是我也察觉到了丽晴细微的变化。我最终的处理方式让小家伙很欢喜——买新的化妆品给她，这时她的心里显然是愉快的。一旦孩子怕受罚，就会为逃避惩罚而说谎。父母用幽默、宽容对待过错，孩子才会坦诚认错，积极改错，远离谎言。

上学后的丽晴跟我说："起初不明白同学们为什么要撒谎骗父母，后来明白了并不是所有父母都能站在孩子这一边的。"这话让我很欣慰。

您和孩子的沟通是否出现了问题了呢？语言既是窗户，同时也可以是一堵墙，是否因为你太过严厉的态度，恰恰让自己竖起了这堵阻碍亲子间沟通的墙？

孩子有意识地撒谎后，哪怕情节严重，若他能承认错误，也要给予赞赏，过往不咎。这样，孩子才会明白诚实的重要性，才会愿意悔过自新，远离谎言。如果认错了，却招致责罚，孩子会害怕认错，宁愿撒谎。

有一次夜里 11 点，我给丽晴打电话（因为工作的原因，丽晴自己在国内住过一段时间，自己照顾自己，没有和我们住在一起）。

我："你现在在哪儿？"

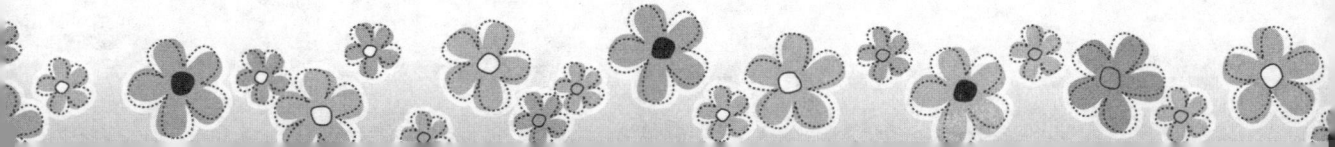

丽晴："我在外面，出租车上。"（事后我知道她旁边的小伙伴一直提醒她和我就说"在家里"。）

我："非常好！你没有撒谎。我们约定过，晚上 10 点后不能在外面。你虽然触犯了这一条，但是你没有撒谎骗我，还是应该表扬的。赶快回家吧。"

丽晴挂断电话后，得意地看着身边吃惊的小伙伴。

因为我们彼此信任、彼此理解，所以我们和丽晴之间就有这样的默契。一直到现在也是这样。

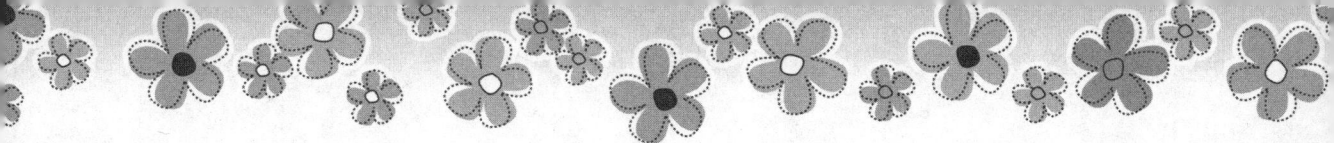

渴望信任，因为信任让我们感到安心，感受到爱

中国是个重视教育的国家，只是有时物极必反。社会学家做过一项探讨父母教育子女态度的研究，发觉越是条件较好的家庭，越是过分保护孩子，并且对孩子的一举一动都高度监管。这些父母把全部精力都放在孩子身上，为孩子安排所有的活动——孩子的生活，就是父母的生活。很多妈妈甚至辞掉了自己的工作，在家中专职带孩子，陪孩子上各种各样的辅导班。然而这些父母不知道，他们的过分投入，不但没有达到预期的效果，反而不知不觉地把儿女的能力废掉了。

——丁妈妈

（以下为丁爸爸叙述）

孩子应该适当地"放养"，给予适度的信任，并且这种信任是相互的。前面提到丽晴如实地告诉我，她很晚了还逗留在外（她信任我，所以她如实相告）；我也信任她（我信任她一定是遇到特殊的情况，所以才会在外滞留这么晚，并且她会很快回家）。

无论"圈养"，或者"放养"，再或是其他任何一种教育子女的方法，仅仅是一种理念，教育子女并非只靠理念就足够了，那是一个千丝万缕的过程。比如我和丽晴间信任的建立，也不是一朝一夕的，同样经历了多重心理因素之间的博弈。此外，我和妻子两个人在过程中都能给彼此以支撑，这也很重要。

丽晴申请哈佛等大学的时候，我其实是非常想要"帮助"她的。但是丽晴坚持不要我们参与，她想要凭自己的实力上哈佛，同时也准备好承受万一自己实力不够，被哈佛大学拒绝的风险。我的内心是极其挣扎的，几度压抑、控制自己做父亲的权威，这个时候我的妻子就会劝说我："无论你多着急，都要接受孩子虽然是你的骨肉，但毕竟是另一个个体的事实，一个要有自己思考及自我经验的生命。"很庆幸的是，我只是自己跟自己较劲儿，我极力隐藏的"内心愤懑"没有影响到丽晴，又或许她根本不知道作为父亲，我曾经是多

么挣扎。

我说我不在乎女儿的学习成绩，那只是表面上，或者说是我刻意营造出来的给孩子的一种感觉。因为忙于事业的关系，丽晴跟着我东奔西走，谈不上安定。刚刚在一个地方玩儿得挺好的小伙伴，不得不很快说再见，转而又要去新的地方结识新的小伙伴。再加上我跟妻子都忙于工作，根本没有时间管教孩子，所以我也就有点"不好意思"跟丽晴要求学习成绩非得要如何如何。

丽晴在参加北大附小转学考试的时候，她前脚进了考场，我后脚就趴在教室的后窗户上看她。我看到丽晴只答了20来分钟就开始咬笔杆，不再动笔了。我当时就想，完了，这下肯定泡汤了，看来是很多题目不会做。非常有意思的是，我那时就开始在内心组织起一大堆安慰孩子的话，当然也包括自己疏于照顾家庭的自我反省。但是后来，结果揭晓的时候，丽晴是和另外一个同学考取了并列第一名。我忽然醒悟过来，在考场上咬着笔杆不再动笔的丽晴，不是因为不会，而是因为很早就把题目全都答完了。

前一段，我的一个学生开始自己到国外独立生活，然后就给我打电话，他说："丁老师，现在出了国我才知道自己之前有多不懂事。比如之前在家，我总是抱怨这个菜咸、那个菜淡，现在大热的天我还不是得自己煮饭吃，做顿饭流好多汗，我就开始反思自己那时是有多不懂事了。"（据这同学说，她母亲每次只是微笑着说，先凑合吃，如果实在赶上孩子"不凑合"，母亲就再回到厨房捣鼓点其他的。）

无论是默默压抑自己内心"父亲权威"的我，还是默默回到厨房重新炒菜给孩子的这位妈妈，都是真实的中国父亲母亲的写照。我们都爱孩子，也愿意牺牲自己，只为了孩子能更好。只是并不是每一个中国父母都懂得该如何表达爱。

第四章

美国常春藤名校畅谈
"放养"教育

美国常春藤各校的招生主任们亲自揭秘录取招生"潜规则",从"掌权者"口中探知录取的真相。用常春藤录取委员会的标准解读"圈养"和"放养"这两种独特的教育方法孰优孰劣。如何入读哈佛,是听家长的,听亲戚的,还是听中介的?还是直接问招生主任吧!

你和牛校可能只差一层窗户纸

美国常春藤名校是很多学生向往的地方，这些世界顶级名校更喜欢什么样的学生？

要知道，美国名校在招生时除了成绩，更看重学生的潜力。常春藤院校（包括普林斯顿、哈佛、耶鲁、哥伦比亚等八所院校）为众多留学生所关注，随着申请人数的增加，申请难度也越来越大。

常春藤名校有各自的录取标准，学生必须熟悉每个学校的录取要求，针对不同学校，采取不同的申请方法。比如说有一些有关于常春藤录取的说法，你不得不信。

麻省理工学院录取学生时有两个最重要的条件：一是当你失败时，能够站起来继续往前走；二是"我的爱好是自己的，不受别人的影响"。因为学校培养的是科学家，要求每个学生必须不怕失败，不会放弃。

耶鲁大学要求学生具有领导能力和关注社区历史的爱好。耶鲁大学的每个宿舍就是一个社区。每个社区有很多活动，每个学生在社区活动中，都可以培养自己的活动能力和领导能力。各个社区可以相互影响，相互交流。

哈佛大学的录取要求每年都不一样，你永远不知道学校每年到底要录取什么样的学生。

普林斯顿大学没有具体录取要求，只是"哈佛要的学生，他们坚决不要；哈佛不要的学生，则会考虑录取"。

哥伦比亚大学由于地处最繁华的纽约，各种文化兼容并蓄，因此要求学生具有文化欣赏力。校方认为只有懂得欣赏不同文化的人，才会获得成功。

布朗大学则非常自由，进校后学生可以自己选择课程和专业，一年只学一门数学课程都可以。校方认为，要想成功，只要做你喜欢做的就可以了。"如果不了解学校的录取要求，不管多优秀，你都不可能被录取。"

因此，笔者觉得有必要把一些看到、听到的真实情况记录下来，整理几条国人对海外名校最容易出现的"误读"，跟大家一起分享。

排行榜前十的名校都高不可攀

很多时候，不得不承认，人这一生中跟很多宝贵的机会擦身而过的节点就在于那个"敢"字。不敢想，不敢试，不敢冒险，不敢跃进……事实上，一旦你"敢"了说不定事情就成了。很多人觉得能录取到顶尖大学的都是一般人不可企及的，记得采访过剑桥大学留学基金会总裁迈克尔·苏利文（Michael O' Sullivan）先生和当年的奖学金获得者小刘。小刘是南京大学的研究生，雅思考了7.0，拿了剑桥的全额奖学金去研究如今大热的"城市规划"专业。我相信雅思分数考得更高、毕业的学校更牛的同学们一定会问："他，凭什么？"

我问小刘："你觉得与其他同学相比，你的核心竞争优势是什么？" 我以为他会说"我的独立思考能力，我在专业上的热情和投入，我的研究成果"等等，没想到小刘回答："我觉得是大多数人都没敢申请吧，我也没想到自己能被录取，全奖更没想过。"

Think big to be big.（有志者，事竟成）。人生无上限，谁说你不可以？

用我的价值观去"猜"TA（他）的喜好

在面对"被选择"时，我们习惯在潜意识里搜索自己的固有思维："我要应聘的是国企，老板一定喜欢善于察言观色的人"；"我要申请的学校是美国商科排名最牛的，招生官一定喜欢我在多家外企实习过的经历"；"我雅思要考到7分，一定要多背模板，多背单词"……

在对哈佛、哥伦比亚、宾夕法尼亚大学的招生官采访时，我都问过他们这个问题：贵校的招生标准是什么。很遗憾，没有一位可以准确地回答出来。

我还不依不饶地请哈佛大学的招生官詹妮弗·甘地（Jennifer Gandy）详细讲讲什么样的学生可以最终打动他们。詹妮弗的原话是："Umm，it really depends! Depends on how much you are able and willing to contribute to the community."（嗯，这要看情况了！取决于你能或者愿意为社会做些什么。）

看！多抽象！其实越是名校的录取标准就越相对主观，甚至可以说是一张没有空格让你去填的刁钻的主观题考卷。只要你睿智、勤勉、激情、内敛、博采众长、心无旁骛……

都可以拿到试题的满分。得分的关键是展现出一个独一无二、原汁原味的你。

换一个角度看，如果你是用人单位，你寻找的肯定是每一个员工身上的不可替代性（irreplaceability）；如果你来代表高校招生，那么你所浏览的海量简历中唯一让你眼前一亮的肯定是申请者不可多得的"个性亮点"。雅思是一门综合考试，代表你即将去生活和学习的那个国家的老师、同学、邻居、陌生人、房东、收银员、卡车司机等各色人，以及即将发生的生活场景。除了基本的单词，你必须了解当地的民风民俗、当地人爱吃的食物和热爱的名人、知名的建筑、街头巷尾大家关心的八卦话题，这样才能融入这个社会。

用各类奖项堆成的个人陈述去打动招生官

我们在写中文简历的时候习惯把自己做过的所有"成果"都堆上去，觉得堆得越多，简历越长，别人会认为我们越成功。尤其是获奖部分。所以几乎每个人的简历上都显示出自己是一个学习高手、团队里的精英、体育爱好者、电脑发烧友、雅思 8.5……样样精，其实就等于样样不精。人的时间和精力是有限的，人人如此，没有例外。你所热爱和擅长的只可能有一项或两项技能。英语中有 Best 和 Second Best，没有 Best No.1 和 No.2。如果你把自己描述成宇宙无敌超人，所有方面都好得不得了，那我敢说，写在个人陈述中校方也不会相信的。

在美国采访的时候，接触到了几位在常春藤学校就读的华人，当然各有各的特点，但总体上让我印象深刻的方面，是他们的独立思考能力和思维能力。还是那句，出国留学不一定就比在国内发展的好，还是要听从自己心底的声音。

康奈尔招生官说的 DIVERSITY（多样性）

最近看到一个新词——"雅生活"，顾名思义，有人说是优雅地活着，类似于常常有人提的"慢生活"；有人说专指雅思"烤鸭"族群，这个推导让我深思。直到近日在微博上看到这样一个分享：

【个性与共性】几位留学生寒假来家。席间，来自西雅图的大二生阳阳指着一位来自克利夫兰的大四女生说，你是吃遍美国；指指自己说，我是玩遍美国；又指来自德州的大二生吴同学说，你是学遍美国。尽管爱吃、爱玩、爱学各有特征，他们功课 A 多 B 少，说一口流利英语，对自己的未来信心满满，都庆幸自己当初的选择。

也许这就是"雅生活族群"的诠释吧，尽兴，过自己要过的生活。

从第一天接触出国留学开始，耳畔中总充斥着这个对准留学生来讲至关重要的词：多样性（diversity）。招生办公室主任视之为招人准绳；各科系教授总以此把脉学生的性格和潜力是否适合自己的研究领域；每年的新生大会上，毕业典礼上，校长们、师长们也会扯着嗓子喊：感谢大家为我们带来如此丰富的多样性。

Diversity 究竟是什么东西

字面意思我不多说了，指的是"多样性，多样化"。但是何为多样化？我主持了一个七国使馆留学新政发布会，美国使馆商务处的弗兰克·约瑟夫（Frank Joseph）声情并茂地给我们举了一个非常生动的例子。他说一位在康奈尔大学做招生官的朋友给他讲过一个故事：一位来自美国加州的女孩子申请康奈尔大学，和其他罗列了很多好成绩的孩子不同，她首先提出自己是一名摩托车赛车发烧友，除了上课以外的时间都去跟朋友们组织车赛。这让这位招生官在众多颇显雷同的简历中一下就注意到了她。紧接着她又介绍自己曾经花一年的时间到美国南部一个比较贫穷的小镇居住并打工，充分体验了当地人的生活。

从两件经历的描述中招生官看到了她性格中的果敢、坚毅和热爱挑战，经综合权衡后录取了她。弗兰克最后还强调说，尽管各个学校的录取政策不一样，但有一点肯定相同，就是没有一所学校喜欢招收性格、背景雷同的人。

你的亮点可以是成熟（Maturity），可以是热情（Passion），可以是承诺（Commitment），可以是持之以恒（Persistence），可以是你性格中最招人爱的那部分，然后经过扩大、加强、渲染、深挖，就可以发展成一篇漂亮的个人陈述。

怎么挖掘自己的独有个性

世界上没有任何两片相同的叶子，人也是一样。但是从小到大，我们习惯去隐藏个性，求同存异。上高中时，班主任讲过：高考总成绩就像一个盛水的木桶，盛水量总跟最短的那块桶板持平。所以大家都把工夫花在"瘸腿"科目上。长大了，才发现当年引以为荣的擅长的那些东西也慢慢变得平庸。

你的独特性，独一无二的特色哪里去了？其实它一直隐没在日常生活中，渗透在举手投足间。小时候我是个比较孤僻的孩子，寒暑假经常一个人被锁在家里。那时候最喜欢干的事就是听广播，然后在心里默数他们说的每一个字的笔画，一句话说完了，我的总笔画也加出来了！我看过中央电视台节目中小朋友的"神算"表演，那个不难，就是长期练习的结果，我一年级的时候就可以。拿不准的笔画数，查新华词典，所以三年级时我比同龄人认识的字都多，心算也最快。我曾经跟西北大学的招生官讲过我的故事，他连说"神奇"，但是直到今天父母都不知道我有这本事。

钢琴不是弹成十级才叫作"会"弹钢琴；不是一定走到撒哈拉才叫"远足"；主持界相声说得最好，厨师界歌唱的最棒就是你的亮点和特色！想想从小到大有什么事是自己做完自己也觉得很酷的？哪些方面是让最好的朋友们发自内心羡慕不已的？什么事是只有你能做其他人都做不了的？这些就是你的亮点。

以前一直不解，为什么像雅思这样的英语考试要准备那么多情景：问路的、种田的、考古的、音乐的、非洲的、东欧的……有些题还真不是知晓单词的意思就能做出来的。引用雅思中国区总裁的话：大家即将生活的那个社区如此斑斓和多样化，雅思考试因此才承载大量的生活必备信息。这也是为何雅思能够在美国得到包括8所常春藤盟校在内的超过3000所院校的广泛认可，因为它起源于生活，创造于生活。

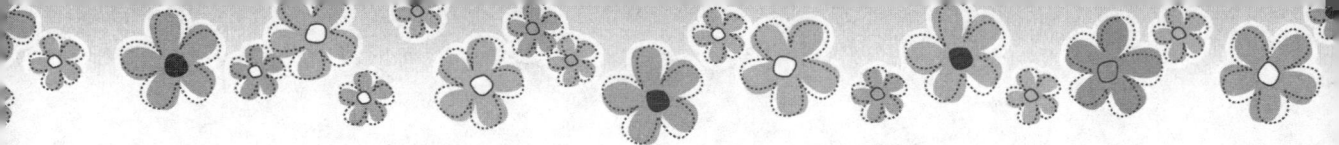

不是所有牛人都能进哈佛

——对话哈佛大学招生官詹妮弗·甘地女士

在哈佛大学我们有幸采访到招生官詹妮弗·甘地女士，听她讲在招生时"哈佛的标准"究竟是怎么样的，以下为采访实录。

问题： 哈佛大学是很多人的梦想和"情结"，您认为对于学生来说，四年的哈佛教育意味着什么？

甘地： 对于不同的人其中的含义当然不同，总体而言，哈佛为每一个学生提供的价值可以概括为通科教育，包括高水准的学术研究能力、面对不同领域的思考能力和用多种方法解决问题的能力。为什么全球学生都把哈佛作为第一选择，除了众所周知的声誉之外，我相信大家看重的是在这样一个无比丰富博大的熔炉之中学习、生活、处事的经历。我们甄选的学生都是万里挑一，每个人都非常独特。

问题： 通常哈佛申请委员会会怎样评判一个学生是否是你们所需要的人才？

甘地： 我知道你们对申请过程非常感兴趣，我们在审批申请材料的时候，主要看重以下三个方面。

第一，学术水平。这可能包括他曾经参与过的研究项目，标准化考试的成绩以及自己的科研成果。

第二，课外活动。哈佛的很多学生都热衷于从事自己感兴趣的课外活动，并且有些成为这一领域的专业选手，我们希望在各个领域发掘代表人物来组成哈佛多姿多彩的整体。

第三，性格因素。这一方面要从你毕业的学校情况、老师的说明和相关的推荐信当中来了解。对于国际学生来讲，因为我们不可能熟悉所有的中学和大学，所以更多地会从推荐信当中了解。目前哈佛有越来越多的中国校友，我们也十分期待在不久的将来为中国学生提供更多的校友面试机会，让我们更多了解每个优秀学生。

问题： 能不能向我们举例介绍一下评判过程？

甘地： 我们的宗旨是为哈佛带来多样化的人才，所以我们没有统一的模版标准。举个例子，我刚刚结束对科罗拉多州申请者的审核，我会把所有申请者的材料通读一遍，并把所有学生的情况汇报给评审委员会，对其中 20% 的学生做进一步商量和讨论。录取率通常在 6%～7%。我们在审查所有申请的时候有一个专门的 Rubric（约定俗成的标准），整体上根据这个标准来选择评判一个学生究竟有多优秀。

问题： 很多网友都比较关心标准化考试在评审过程当中占到多少比重？

甘地： 这个不好说，对于申请本科的学生来说，如果你毕业的学校声誉很强，我们比较认可它各方面的影响力的话，SAT1 测试成绩仅仅作为参考。但是对于国际学生来讲 SAT1 是我们评判的重要标准，因为这可以说是我们了解学生学术、语言、写作等能力的少数渠道之一。如果你数学、阅读都拿了很高的分数，写作比较低，我们也会重新考虑你是否合格。

问题： 每年哈佛都会录取 10% 左右的国际学生，对于国际学生你们是否会根据目前校友的表现做一些地域的名额划分？

甘地： 我们绝对没有这样的划分，但是我非常理解像中国这样人口众多的大国竞争有多激烈。因为美国学生是在与本校、本州的学生竞争，而你们面对的是整个国家。90% 的录取者为本国学生也是因为申请者中 90% 左右是来自美国公民，所以才会有这样的数字。

问题： 与其他常春藤学校相比，哈佛最大的特色是什么？

甘地： 这很难用一句话来概括了，哈佛大学有非常悠久的历史，这里有世界上最好的教育资源，比如说我们的图书馆。还有就是这里云集着来自世界各地的领袖人物。我举一个例子，我在哈佛大学上一年级的时候第一堂化学课是由一位诺贝尔奖得主为我们讲授"课程导读"。我当时的反映是：天啊！这么基础的课程竟然由诺贝尔奖得主给我们上！你知道吗？这是非常令人激动、非常鼓舞人的。还有，我的大学室友是中国人，时任国家主席江泽民访问美国的那一年来哈佛演讲，就是因为我的室友是少数的几个在哈佛读书的中国人，所以她被邀请参加江主席的午宴。这样令人激动的事情在哈佛随时都有发生。

问题： 现在是高考季，中国的适龄考生正在紧张地备考，能不能对这些潜在的未来"哈佛校友"讲几句话？

甘地：我想说的是中国学生特别关心录取率、关心录取过程，其实大家不必给自己太多的压力，只要尽力去做最好的自己就可以了。我还要说哈佛并不适合每一个人，你们应该去做自己真正最有激情从事的工作，寻找真正适合自己发展的方向。关于"什么才是最适合自己的"这个问题，没人能给出真正的标准，只有学生自己最了解。

世界看美国 美国看什么

——对话全球国际教育者协会新闻发言人厄休拉·奥克斯女士

全球国际教育者协会（NAFSA）每年会在全球不同国家举办国际会议。来自世界 100 多个国家的教育工作者通过展会、数百场座谈会和招待会找到他们心仪的合作者，为各自的校园增添更加鲜艳的国际化色彩。在中国展团中，清华大学、北京大学、浙江大学等十几所国内高校均派代表参加，许多国内顶尖留学机构及语言培训机构也参展亮相。NAFSA 战略办公室主任新闻发言人厄休拉·奥克斯（Ursula Oaks）女士，向我们介绍了这场全球国际教育者盛会经久不衰的秘密。

问题：请问 NAFSA 举办的亮点是什么？

奥克斯：NAFSA 成立于 1948 年，展会的核心精神是创造并传承国际化教育。具体来说就是创造并延续国际教育项目合作，发现并讨论国际学生面对的挑战和问题，相信您今天也可以感受到所有参会者的热情，不停歇地拓宽他们的国际人脉网络和商务合作关系，我想这些都体现了 NAFSA 的核心价值。

问题：NAFSA 会议的举办地选址有哪些特点？

奥克斯：我们的注意力主要在北美国家的一些城市，比如过去几年我们去过洛杉矶、盐湖城、堪萨斯等等。坦白地说，选择会议地点时我们主要考虑这些城市是否有足够的能力举办如此大型的展会，因为展会的规模太大了，首先需要一个大型展馆；研讨会也非常非常多，我们需要足够的房间来同时举办；参会代表的食宿、交通等等也是我们必须考虑

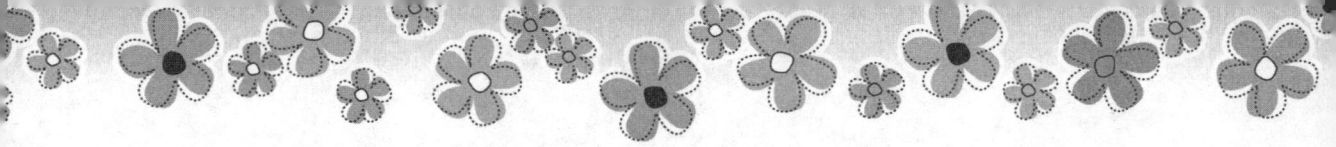

的因素，这样看来，能够"盛得下"的城市就在一定程度上被圈定下来了。

问题： 提到国际化，我看到展会现场有很多大型的国家展团，比如加拿大、澳大利亚、英国、德国、法国等，其中中国展团中包括清华、北大这样的一流大学，而且我相信和北美欧洲同行相比，他们是最远道而来的，那么为了继续鼓励这些一流大学和高端教育机构参加，NAFSA 是否会出台某些措施为之提供更有针对性的服务？

奥克斯： 我们非常重视与中国的合作，我们的 CEO 玛琳·约翰逊（Marlene Johnson）每年都会到中国拜访，带回中国教育行业的最新发展情况尤其是中国教育国际化的最新信息。中国教育行业发展非常迅速，充满激情，对国际教育需求巨大，你的到来也充分证明了这一点（笑）。我们非常荣幸您能够参加我们今年的展会。值得一提的是，今年 NAFSA 最负盛名的领袖大奖颁发给了中美教育基金主席朱丽娅·陈·布洛赫（Julia Chang Bloch），她同时也是美国首位华裔女大使，她本人一直在积极推动美国和中国之间的教育项目合作，促进美国学生赴华留学以及吸引中国学生赴美留学。

问题： 中国市场对国际教育的确存在非常大的需求，去年一年赴美留学学生人数比前一年增长了 30%，而且这一数字还在持续增长。中国的教育行业对美国教育有着巨大的兴趣，据我所知，很多美国学校的最大留学生群体也是来自中国，因此我冒昧地问一下，NAFSA 是否考虑过选择中国某一城市作为今后会议的举办地以促进双方更好合作？

奥克斯： 哦，那将是 NAFSA 最棒的一届展会！（笑）但是，我们需要调查一下我们的预算情况、与会者的方便程度，我们目前还是把注意力集中在北美的一些城市。有好多人也在建议我们在欧洲、亚洲的一些城市举办，但是我想目前的工作重心还是把北美的展会办好。

问题： 有人将 NAFSA 比作国际教育界的联合国、达沃斯论坛，您怎样评价？

奥克斯： 哦，我觉得真是过奖了，非常感谢。但是这个展会的确对于国际教育界十分重要，它代表了成千上万的国际教育工作者的成就和业已存在的问题，不仅是来到现场的这些人，还包括在办公室里没法亲自参加的人们，因此我想我们会持续提供这样一个交流

的平台。不管是达沃斯还是联合国，都有国家或政府背景，但是 NAFSA 是非营利组织，我们没有从政府获得任何资助，我们的赞助来自我们的会员、我们的会务商品、赞助商等，但是政府给了我们很多支持，比如交通方面等，还是很感谢各位如此重视 NAFSA。

听哥伦比亚大学教授亲传成功法则

今天纽约异常炎热，天气预报说33℃，实际感觉35℃都不止。人被晒得快融化掉了。前一阵还很凉爽，看来纽约也没有春天，冬天之后就是夏天。我们来纽约的首要任务就是走访哥伦比亚大学（简称"哥大"），这座充满贵族气息的常春藤学院坐落在纽约最贵的地段：曼哈顿上西区，离中央公园5分钟车程。

接受我们采访的是哥伦比亚大学工程学院院长杰克·麦克歌蒂（Jack McGourty）。他本人曾经是一家著名上市公司的董事会成员，后加盟哥大，积极推进学术教育与实践能力的结合，创立了中小企业发展中心（SBDC），为学生和企业架起人才供需的桥梁。以下为采访实录。

问题：我听说哥伦比亚大学一年一度的毕业典礼刚刚结束，这又一次唤起了我们对哥大数不清的世界知名校友的感慨，他们在很多国家的很多领域里担当先锋。您怎样评价哥大在培养世界领袖方面扮演的角色？

麦克歌蒂：哥伦比亚大学的宗旨是培养各个行业的尖端人才。以工程学院举例，我们选择我们认为最合适的人才——就是那些最适合从事工程学科研究和动手能力强的人才，对工程学科充满激情的人，为他们提供世界前沿的技术理论课程，同时配有实践部分。哥大的很多校友都在担当行业内的领军角色，我们对此感到十分自豪。我们的教育当中一直向学生灌输企业家精神，这是一种综合的建立、经营、管理的技能，这些都有助于他们在所从事的领域做出成就。

问题：哥大是一个令人着迷的地方，许多学科都处于各自领域的领先地位，能否谈谈哥大工程学院与其他常春藤学校的工程学院相比最大的特色？

麦克歌蒂：我觉得我们最大的特色首先是有哥伦比亚大学整体强大的教学资源支持，

无论是设施还是教学人员，我们有很多著名的教授也亲自上本科生的课程，所以基础研究和高级研究都是世界领先的。还有一个很关键的元素是我们的工程学院十分看重培养学生的商业意识和对技能应用的能力，因为毕竟课堂内讲授的内容只能让学生了解一半，对于我们这一类操作性很强的学科，学生必须去跟企业主交流，了解真正生活中需要的技能是什么样的，不管你学的是什么，技术、市场、会计、管理等都一样。

问题： 我注意到您反复强调了"企业家"这个词，也了解到您一直致力于 SBDC，专门向中小企业输送有才华的在校生，也为学生提供实习实践的机会。但是直接帮助学生自主创业不是更好吗？很多学生已经在这样做了。

麦克歌蒂： SBDC 实际上是由高校、地方政府、私人企业联合组成的为中小企业提供信息服务和管理援助的机构，可以帮助企业的总部和不是特别偏远的分公司提供一站式服务。因此这其中有很多具体的实践机会可以让学生们参与，哪怕是大一的学生，只要你觉得有需要就可以申请实践岗位，在暑假或者其他假期实习。企业和学生互惠的方面很多，学生提供技术层面的支持的同时可以学到一些管理经验。你说到的创业过程也是很多学生感兴趣的，但并不是所有的学生都适合创业或者喜欢自己来运营公司，大多数会就职于大型的企业，所以在企业中锻炼的机会对每个学生来说还是非常宝贵的。

问题： 您在加盟哥大之前是一家上市公司的董事会成员，虽然我不知道是什么改变了您的职业选择，但我想问，您觉得在做出重大的职业选择时应该把握住哪些方面？

麦克歌蒂： 这个问题很有意思，我在上一家公司一共做了 10 年的时间，现在回到学校。不管你相不相信，我的两份工作都不是我规划出来的。我觉得不应该给自己限定职业方向，比方说我是学工程的，我将来一定要做工程师吗？没人知道你将来会做什么，包括你自己。你能做的事情就是不断扩大你自己的能力，当然我说的能力是指个人技巧、管理能力、沟通能力等，不是指个别技术钻研的程度，这是另一码事。每十年换一种工作模式我认为可以极大丰富你的个人阅历和能力。

具体在职业选择上的建议，我觉得：

第一，Not Enough——还能再好，你要一直相信你目前所拥有的不是终点，同时不拒绝任何机会。

第二，Open-ended Problem——问自己开放式的问题，不是"我是不是……""我能不能……"这一类问题，试着从"我该如何……""怎样才最……"入手，你可以更好地了解和解决当前问题。

第三，Including everyone work with you——这是我个人的观点，我认为在任何工作中若想取得成功，其中一个关键因素就是先保证别人的成功，其实帮助别人成功的过程也是在帮助你自己。有些人害怕身边的人比自己出色，结果就是他没有做好的事情你也做不好。

宾夕法尼亚大学访谈实录

我们在招生办公室的迎宾室十分荣幸地见到了宾夕法尼亚大学（简称"宾大"）招生办公室副主任伊丽莎白·康奈尔（Elisabeth O'Connell）。

问题： 宾大被网友喻为"最难被录取的十所学校之一"，您怎么看？

康奈尔： 宾大是美国淘汰率最高的学校之一，但是每年依然有大量的申请者选择宾大，因为我们的核心竞争力包括下面几点。

第一，我们崇尚全科教育。学生在这里接受的不仅是课堂教育，更多的是来自课堂以外的教育，这些可以使他们受用终生。宾大建立于 17 世纪，发展至今已经有 300 多年的历史了，我们非常重视教学和科研工作，本科生阶段就可以享用跟研究生一样的教学资源。

第二，学校位置。我们位于美国第五大城市费城，城市各种设施都十分发达。学校的规划非常注重整体性，所有科研院所、各个层次的教学设施都集中在一个地方，不像某些学校可能法学院在这里，医学院却在城市的另一头了。我们也非常重视利用城市的资源，与这个城市的各个领域和行业都有非常深入的接触，所有学科的设置都强调应用为主。

第三，大量的交换机会。每个学院都与其他城市乃至其他国家拥有合作关系，派遣学生去交流、研究和实习。中国就是非常受欢迎的一个交流目的地，很多学生第二语言学习中文然后去中国交流。

问题： 我们刚刚谈到了宾大诞生了很多世界知名的校友，您觉得他们的共同特点是什么？

康奈尔： 300 多年的历史造就了宾大不计其数的校友，在世界各个角落为人类造福。今年的毕业典礼刚刚结束，我们也十分荣幸地邀请到了现美国驻华大使乔恩·亨茨曼（Jon Huntsman）先生从中国赶来作为校友代表致辞。宾大的校友不管在哪里都十分团结。

问题： 若想成为宾大的学生，您认为至少需要具备哪些素质？

康奈尔： 我们的录取原则我可以等一下再介绍，我先说说宾大衡量成功学生的几方面标准。

第一，我觉得要保持一颗好奇心，只有渴望去发掘未知的世界，才有可能在你所研究的领域走深走远。

第二，拥有明确选择的能力。尤其对于国际学生来讲，千里迢迢来到美国，为了什么？你可以为这个社会带来什么，你从你的传统文化特别是你的人民身上学到了多少，这些都需要再三考虑来得出答案。

第三就是你身后的文化背景，你曾经就读学校的历史，你自己成长的经历等都可以用来衡量一个学生的素质。

问题： 听说有些学生放弃哈佛的录取选择了宾大，您怎样定义学生与学校之间的匹配度？

康奈尔： 每个人都是一个独立的个体，他在选择的时候肯定是尊重自己的标准。比如说有些人青睐这样的学习环境，有些人喜欢那样的课程设置，这些组合因人而异。大家都知道常春藤学校拥有世界上最好的教学资源和校友资源，但这八所学校之间也存在很大的差异。宾大的一个显著特点就是我们的整齐划一性。

问题： 宾大在审阅这么多的申请材料时，有没有某个"死穴"或者"通关法宝"来迅速决定申请者肯定"有戏"或者肯定"没戏"？

康奈尔： 我们审阅的过程是十分私人的，所以标准会有稍许差别，但是比方说你把要求的短文写成了一篇论文那是肯定不行的，你要在规定的规范内完成你自己的故事，用你的故事打动我们。

问题： 标准化考试在你们的招生过程中占到多少比重？

康奈尔： 这对衡量这个学生的学术水平来说太重要了，我们需要知道你在之前的教育系统中的学术表现是怎么样的，你的学校知名度如何，你的老师对你怎样评价。但同时也希望大家注意美国的教育非常讲究课上的交流，太"钻研"学问的显然不是我们想要的对象。除此之外你的英语水平需要过关，尤其是写作水平。因为即使你进来研究物理，你也

需要写学术报告，英语不好没有办法完成指定的工作。口语也非常重要，这就是为什么我会强调托福成绩的重要性。如果你的阅读、写作分数很高，而口语分数比较低，我们会安排面试加试，看看你的口语水平究竟怎么样。当然不会是一个因素定终身。

问题： 宾大在录取学生的时候会不会参考中国国内的"高考"成绩？

康奈尔： 越多的背景资料越有助于我们来了解你，我们不会限定中国学生的高考成绩要达到多少分，但这可以作为一个学术表现的参考。

第五章

"放养" 的孩子被五大名校 录取全程揭秘

众所周知，申请常春藤名校时，申请文书在录取时起着很重要的作用。本章收录了丁丽晴的全套申请文书，并且收录了最新的院校申请信息（哈佛大学、宾夕法尼亚大学沃顿商学院、斯坦福大学、哥伦比亚大学、加州理工学院），揭秘什么才是赢得所有招生主任青睐的超完美版申请文书。

宾夕法尼亚大学沃顿商学院

Wharton School of the University of Pennsylvania

一、学校简介

美国宾夕法尼亚大学沃顿商学院位于费城，是世界首屈一指的商学院。沃顿商学院创立于 1881 年，是美国第一所大学商学院。学校的使命就是通过总结、传播商业知识和培养领导人才来促进世界的发展。沃顿在商业实践的各个领域有着深远的影响，包括全球策略、金融、风险和保险、卫生保健、法律与道德、不动产和公共政策等。它的商业教育模式是在教学、研究、出版和服务中处处强调领导能力、企业家精神、创新能力。

学院不仅在培养未来的商界精英，同时致力于为商界提供深入研究，并且它是世界上领先的商业知识创新机构。为实现这个目标就需要用跨学科方法从事研究并和商界紧密联系。沃顿的 18 个研究中心就起到了这样的作用，这些研究中心包括：领导力和应变管理、创业管理、电子商务和商业改革等。这些研究中心让教授、学生以及工商界成员共同研究和分析商务问题。

具有创新精神和前瞻性的沃顿——"沃顿的第一"：

第一所专业管理学院——当约瑟·沃顿在 1881 年建立世界上第一个管理学院时，他坚信未来的商业领导者需要一个全面的富有生机的教育，这种理念已经改变了 20 世纪公司和团队领导的方式。

第一个完整供企业家学习的 MBA 课程——经过一个世纪的创新，沃顿已经能为学生们提供世界上最先进和最现代化的 MBA 教育；第一所管理和外语双专业学院；第一个商学院工商管理和硕士双学位课程。

第一个国际论坛——最早的高级经理人全球课程之一；第一个完整的本科国际工商课程—— Huntsman 国际研究和商务课程。

而这些创新现在都为世界各个商学院所效仿及推广，成为一种教育方式的潮流。所以说沃顿商学院是全球 MBA 教学教育的领跑者！

学校网址：http://www.wharton.upenn.edu/

二、申请文书

Considering both the specific undergraduate school or program to which you are applying and the broader University of Pennsylvania community, what academic, research, and/or extracurricular paths do you see yourself exploring at Penn?

Business and economics have been my passion ever since I realized what a tremendous impact an economic event can have on a person's life. The Economic Reform and Opening-Up of China in the 1980's made it financially possible for my family to immigrate to Canada, while the recent economic crisis forced my best friend to move back to Korea. I am intrigued by the possibilities of business: it is the perfect area of studies for someone who enjoys numbers, taking calculated risks, and living all over the world. I think the best way to learn is through guided, yet independent inquiry, and Wharton provides the best opportunities to do that.

Although I greatly appreciate the breadth of the combined liberal arts courses at Wharton, as I believe Economics involves aspects of History, Philosophy, and so on, I am enchanted by the sophistication of ECON 010 and MATH 104, both of which I will study in freshman year. I hope that my participation and achievements in numerous math and business contests will serve as the platform for academic excellence in university. I am excited about "Management 100," because I am concerned with improving my skills in "how to learn" as well as "what to learn." The challenges of a field project will give me the opportunity to develop as a leader,

哈佛女孩养成记

a group worker, and an effective communicator. The project will increase my awareness about community issues, and I may even be able to address some of the global issues I've encountered in my past summers. I enjoyed writing the 4,000 words research essay I had conducted on the motives of the Chinese government's implementation of a price ceiling on the electricity market. Therefore, I would also like to apply for the Wharton Research Program.

Given my high school record of being an ambassador, a peer supporter, and a debating society executive, I would like to become a cohort leader in sophomore year. I like the idea of "giving back to the community" because I'm certain that in freshman year, I will need the support. Another unique feature at UPenn that appeals to me greatly is the Wharton Leadership Ventures. I have never climbed a mountain that is more than 400 meters high, nor have I white-water rafted, so I hope the Ventures will push my limits. After all, I think that a great deal of business is based on leadership, team work, and risk-taking. I have also developed the habit of volunteering in a less developed area of the world each summer. The Botswana UPenn Partnership allows me to continue my journey.

For my junior or senior year, I have a grand vision of going to Spain through the Penn Abroad Program. Of course, I will have been studying Spanish for 3 years by then, and the Universidad Pontificia Comillas (ICADE) in Madrid offers not only relevant courses but also internship opportunities. I agree with Bill Clinton's view on globalization: "Globalization is the economic equivalent of a force of nature." I have travelled around the world. I speak English and Mandarin; both are my mother tongues. Now I can become a true global worker, since I will be able to speak Spanish and have a wider range of cultural perspectives. (I consider these three languages to be the most important in the business world, since English is the most wide-spread language, Mandarin is the language spoken by most people, and Spanish is the official language of the largest number of countries.)

I am confident about the future I have painted, but I am also open to the prospect of

exploration and discovery in university. I believe that at Wharton, UPenn, I would be able to achieve my dream of starting a business that adds value to the world.

三、文书翻译

思考一下你所申请的本科院校或项目和宾夕法尼亚大学周围的生活、学术环境，你认为，当你加入宾夕法尼亚大学后，你将会参与什么学术研究、课外活动?

自从我意识到经济领域的事件会对个人的日常生活产生的巨大影响后，我就一直对商业和经济很感兴趣。20 世纪 80 年代中国实行经济领域的改革开放，给中国的经济发展提供了很好的机会，人民的生活水平得以迅速提高，人民开始富裕起来，那段时间，给我的家人也带来了绝佳的机会，因此，我的家人才有充分的资产基础移民至加拿大。然而，在 2008 年爆发的金融危机期间，无数家庭因此备受损失，而我来自韩国的好友，也由于经济困难不得不退学回国。商业领域中存在无数的可能性，引起了我极大的兴趣：对于对数字敏感，愿意冒可估算风险，且四海为家的我来说，这一领域真的是很适合我。我认为学习的最佳方式就是在指导下，独立地探索学习，而我相信宾夕法尼亚大学沃顿商学院是这两点的最佳结合。

我认为经济学中也涉及历史、哲学等很多其他学科的知识，因此，我很欣赏沃顿商学院设置涉及广泛知识的大文科课程。但我更为"经济学 010 号"课程，和"数学 104 号"课程而痴迷，一想到在大学一年级时我就有机会学到这两门课程，我就欣喜若狂。我希望我参加过的很多数学和商业竞赛的经验，及这些竞赛中取得的优异成绩，将会为我未来在大学中再接再厉取得优异成绩奠定良好的基础。我非常渴望学习"管理学 100 号"，因为我很关注提高关于怎样学习和学什么的认知能力技巧。我认为实地项目固然会让我面临许多挑战，但这些挑战也会让我成长为一个领导者、团队合作者、高效的交流者的机会。我认为实地项目将会加深我对社区问题的认识，而且我也很希望在做实地项目的过程中，能够借助其经验解决我在刚过去的夏天所思考的一些全球问题。我曾经自行撰写过分析中国政府对电力市场实行价格限制的论文，我很享受其间调研、整理的过程。因此，当我入学

沃顿商学院后，我也很希望申请加入沃顿商学院研究项目。

在高中时代，我曾经担任过学校的中加两国的文化交流大使、教师助理、辩论组组长，这给了我丰富的经验。我想在入学之后，我将会在大二那年竞选学生会主席，我认为那将给我绝佳的机会"回馈同学，回馈社会"。我认为，作为大一新生的我，将会需要教师、同学的很多帮助。宾夕法尼亚大学沃顿商学院还有一个非常独特的活动也真的让我很感兴趣，那就是"沃顿领导人才大冒险"，我从来都没有爬过高于400米的山，没有去过河里漂流，我很希望通过"沃顿领导人才大冒险"活动突破我的极限。毕竟，我认为商业的成功绝大部分依赖于领导力、团队合作和冒险精神。在过去的几年里，每年暑假我都会申请去一些欠发达地区做志愿者。而贵院举办的"博茨瓦纳互助项目"将会给我机会，让我得以继续我志愿者的旅程。

我打算入学后就开始学习西班牙语，在大学三年级或是四年级，我希望通过宾夕法尼亚大学的出国学习项目，去位于西班牙马德里的卡米亚斯大主教大学学习相关课程，并且做一些实习工作。我很赞同比尔·克林顿有关于全球化的观点——全球化是自然的力量在经济领域中的体现。我到过全球的很多地方。我的母语是中文，我可以像说母语一样讲英文，而如果以后我也能够讲西班牙语，我将会有更宽广的文化视角，那时，我将会成为一名真正的国际工作者（我认为中文、英语、西班牙语这三种语言在未来的商业世界中，将起到中流砥柱的作用，因为英语是应用最广泛的语言，中文是使用人数最多的语言，而西班牙语则是最多国家采用的官方语言）。

我对我所计划的未来充满了信心，但与此同时，我也很期待在大学中的探索和发现能给我带来更多别样的风景。我相信，通过在宾夕法尼亚大学沃顿商学院的学习，我将会有实现我的梦想的能力，通过自主创业，来使这个世界变得更有意义。

哥伦比亚大学
Columbia University

一、学校简介

她的学生在联合国学政治，在华尔街读金融，在百老汇看戏剧，在林肯中心听音乐。她是美国最古老的五所大学之一。"欧元之父"蒙代尔在这里留下光辉的足迹，基因学的奠基人摩尔根在这里掀起生物界最彻底的革命！美国新闻界至高无上的普利策奖在这里诞生。这里拥有美国第一所授予博士学位的医学院。美国前总统罗斯福、联合国前秘书长加林曾在这里求学，胡适、徐志摩、李政道等著名学者在这里留下了青春的脚步。二百五十年来科学与艺术是她永恒不变的主题！

哥伦比亚大学是世界最具声望的高等学府之一。它位于美国纽约市曼哈顿的晨边高地，濒临哈德逊河，在中央公园北面。它于 1754 年根据英国国王乔治二世颁布的《国王宪章》而成立，命名为国王学院，是美洲大陆最古老的学院之一。美国独立战争后为纪念发现美洲大陆的哥伦布而更名为哥伦比亚学院，1896 年成为哥伦比亚大学。

哥伦比亚大学属于私立的常春藤盟校，由三个本科生院和十三个研究生院构成。现有教授 3000 多人，学生 2 万余人，校友超过 25 万人、遍布世界 150 多个国家。学校每年经费预算约 20 亿美元，图书馆藏书 870 万册。哥伦比亚大学是美国最早进行通才教育的本科生院，至今仍保持着美国大学中最严格的核心课程。它的研究生院更是以卓越的学术成就而闻名。整个 20 世纪上半叶，哥伦比亚大学、哈佛大学及芝加哥大学一起被公认为美国高等教育的"三强"。此外，学校的教育学、医学、法学、商学和新闻学院在世界上名列前茅。其新

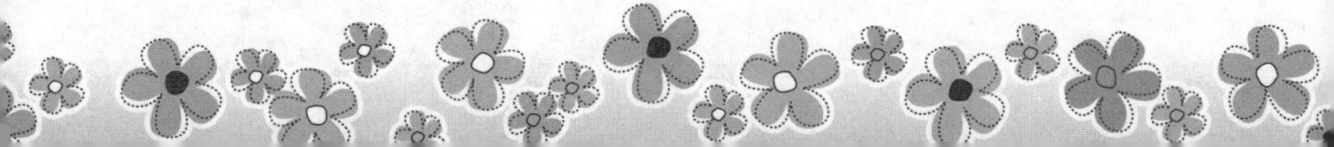

闻学院颁发的普利策奖代表了美国文学和新闻界的最高荣誉。其教育学院是全世界最大、课程设置最全面的教育学院之一。

哥伦比亚大学历届毕业生和教职员中共有 97 名诺贝尔奖得奖者，于世界各大学中排名第一。

哥伦比亚大学是美国首批开设专门医学院、法学院的学校之一。现在医学院的校区和主校区分开，设在纽约市上城的布朗克斯区。哥大的风格是多元化、开明与革新、通才全识。

哥大有着招收中国学生的传统，每年至少都有 200 名中国学生到哥大就读研究生，近年来，开始有攻读本科的同学出现。申请本科的同学需要注意，哥大还有一个附属的女子本科学院，叫伯纳德女校，与哥大校园一街之隔，大部分在哥大读研的同学可能都去伯纳德学院教过实验或讲过课。伯纳德女校排名很靠前，竞争激烈，而且近年来居然开始招收极少的男生，很是让人费解。值得一提的是，哥大的工程学院是一位华侨捐资协办的，每年都有固定的 10 多个名额给予中国学生。

现在，哥大 2 万多学生中近 8000 人为研究生。学校设有学科专业 100 多个，由于实力雄厚和师资强大，这些专业基本上都可以授予硕士、博士学位。主要的学院和研究中心有社会科学研究中心、放射实验室、生物实验室、空间飞行研究中心、伯纳德女校、师范学院、神学院、文理学院、工程与应用科学学院、国际事务和关系学院、新闻学院、医学院、护理学院、社会工作学院、商学院、建筑学院、法学院、艺术与科学研究院、口腔和牙科学院、公共卫生学院等。

在哥大就读的中国学生多选择以下几个专业：国际事务、国际传媒、国际经济与关系、新闻学、图书馆学、社会学、社会工作和服务、建筑工程、建筑设计、数学、统计学、法语、德语、生物工程、分子生物学、实验物理、理论物理、天体研究、电子工程、工业关系、计算机科学、生物医学、药理学、牙科材料、比较政治学、东亚语言、汉语语言教学等。

哥伦比亚大学商学院坐落于世界金融中心纽约，依其独特优势与华尔街等金融界保持密切的联系。商学院现有会计、决策、风险及实施操作、金融与经济、企业管理及市场营销等研究方向。其师资实力雄厚，拥有各相关领域的权威和专家，其中斯蒂格利兹（Joseph

Stiglitz）教授在 2001 年获得诺贝尔经济学奖，并在 1995 年至 1997 年期间担任克林顿政府总统智囊团顾问。在《美国新闻与世界报道》两年一次和《商业周刊》年度的商学院排名中，哥伦比亚大学商学院一直名列前茅，是当之无愧的一流商学院，尤其是金融分科，连续多年位列前三名，多次名列第一。商学院院长格伦·哈伯德是国际知名的经济学家，拥有哈佛大学的经济学博士学位，曾任布什政府总统经济顾问委员会主席、首席顾问。

享誉盛名的股市投资奇才沃伦·巴菲特，在哥伦比亚大学就读时即师从当时在哥伦比亚商学院任教的"价值投资学派"的创始人、现代证券分析之父——本杰明·格雷厄姆（Benjamin Graham）。格雷厄姆教授被誉为"华尔街院长"，他的"商品—储备货币"思想深得凯恩斯、弗里德曼等经济学家的认同。

哥伦比亚大学商学院高级管理人员培训教育始终保持在《金融时报》等调查中保持前列，在《商业周刊》美国高级管理人员培训项目排名中，哥伦比亚大学商学院高管培训项目曾多次名列第一。哥伦比亚大学商学院高管培训课程旨在通过对世界经济商务中最新理论和趋势等的研究，培养学员全球视野；创造和分享知识和经验，使管理人员与他们的团队创造更卓越的业绩。其高管培训分为个人申请项目和为企业相关需求量身定做的培训项目。

自 1951 年起至今，来自全球 100 多个国家 1000 多个企业公司的超过 4.8 万名高级管理人员参加过哥大商学院高管培训，并从独特的视角、成效导向的教学方式中获益良多。

负责培训的商学院副院长伊桑·哈纳伯利（Ethan Hanabury）在接受《商业周刊》采访中谈到："哥伦比亚大学高级管理人员培训教育，尤其在价值投资和金融方向是该领域的权威，始终保持领导者的地位。"

学校网址：http://www.columbia.edu/

二、文书申请

Columbia Supplements

1. List the books you read for pleasure in the past year. Separate your responses with

a comma.

Four Colors Suffice: How the Map Problem Was Solved, Flatland, Five Golden Rules, Freakonomics, Stephen Roach on the Next Asia: Opportunities and Challenges for a New Globalization, The Intelligent Investor, Macrowikinomics: Rebooting Business and the World, An Introduction to Quantum Computing, Outliers: The Story of Success, Blink: The Power of Thinking without Thinking, Life of Pi, The Master, The Man Game, Innocent Traitor, Bloodletting & Miraculous Cures, The Last Crossing, The Shadow of the Wind, The Book Thief, The Historian, People of the Book, and *Then There Were None.*

2. List the required readings you enjoyed most in the past year. Separate your responses with a comma.

English Literature: *Hamlet, 1984, The Lost Honor of Katharina Blum, Kiss of the Spider Woman, Chronicle of a Death Foretold;* Mandarin: *The Poems of Li Bai, Dream of the Red Chamber, Jane Eyre* (translated), *Pride and Prejudice* (translated).

3. List the print and/or electronic publications you read regularly. Separate your responses with a comma.

The Economist, The New York Times, CBC News, The Times, National Geographic, Globe and Mail, Toronto Star, Vogue, People; Penguin Classics, NASA, Media Watch, Oriental Wealth, Europages, US National Gallery of Art, TED.

4. List the films, performances, exhibits, concerts, shows, etc. you enjoyed most in the past years. Separate your responses with a comma.

I watched most of my favorite performances during Nuit Blanche, an all-night, city-wide arts extravaganza hosted in downtown Toronto. Some highlights were *The Night of Future Past, Sound and Vision,* and *The Good Night.* I also enjoyed the play *Fernando Krapp Wrote Me This Letter,* the Chinese Warrior exhibition at Royal Ontario Museum, *The Grange Prize 2010 Art Exhibition* at the Art Gallery of Ontario, and movies such as *Harry Potter and the Deathly*

Hallows and *The King's Speech*.

5. Please tell us what you find most appealing about Columbia and why.

Warren Buffett once said that his luckiest day was when he picked up *The Intelligent Investor*. Reading the book, I found my hero, Benjamin Graham, and first heard about Columbia.

Since then I have fallen in love: in the bustling city of New York lies a haven that nourishes the diversity of cultures and the freedom of ideas. Although I greatly appreciate the Core Curriculum, which provides a platform for all knowledge, I'm drawn towards the sophistication of courses such as Econometrics and Financial Economics. I've read *Microeconomics of Market Failures*, so I'm eager to work with Professor Bernard Salanié, Paul Tetlock, and others.

In the stringent IB program, I'm used to independent study. I genuinely enjoyed writing a paper on the motives of the Chinese government's implementation of a price ceiling on the electricity market, and I hope to deepen my research skills and understanding by conducting a senior thesis at Columbia.

Apart from the rigorous academic program, the aspect that truly defines Columbia is its diversity: in resources, in organizations, in the student body, and in the global web of alumni and faculty. I'd love to explore new clubs such as figure skating, archery. In a college that celebrates different perspectives, ideas, and cultures, not only will I feel more at home, but I will come closer to being a true cosmopolitan. Globalization is inevitable, and I believe that Columbia can prepare me best for its extensiveness.

三、文书翻译

哥伦比亚大学申请材料

1. 列举您在过去几年里出于兴趣读过的书。请用逗号分隔你的答案。

《四种颜色逛世界：地图问题是怎样解决的》，《二维世界》，《五大黄金准则》，《魔鬼经济学》，《斯待凡·若彻论新世纪的亚洲：新一轮国际化进程所面临的机遇与挑战》，

《智力投资者》，《维基经济学：重振商业和世界》，《量子计算简介》，《异类：不一样的成功启示录》，《眨眼之间：不假思索的思考力量》，《少年派的奇幻漂流》，《主人》，《人类游戏》，《无辜的叛国者》，《放血》，《最后一次跨越》，《风的阴影》，《偷书贼》，《历史学家》，《圣经上的民族》和《无人生还》。

2. 列举您在过去几年里在学校要求读的书中您最感兴趣的。请用逗号分隔您的答案。

英语文学类：《哈姆雷特》，《1984》，《丧失荣誉的凯特琳娜》，《蜘蛛女侠之吻》，《预知死亡纪事》。

中文著作：《李白诗集》，《红楼梦》，《简·爱》（译本），《傲慢与偏见》（译本）。

3. 请您列举您定期阅读的纸质刊物或者电子刊物（或者两者皆列举）。请用逗号分隔您的答案。

《经济学家》，《纽约时报》，《CBC新闻》，《泰晤士报》，《国家地理》，《环球邮报》，《多伦多之星》，《时尚》，《人民日报》，《企鹅经典文库》，《美国国家航空航天局期刊》，《媒体观察》，《东方财富》，《欧洲黄页》，《美国国家艺术馆》，《用思想的力量改变世界》。

4. 请您列举您最喜欢的电影、表演、展览、音乐会、演出。请用逗号分隔您的答案。

我在多伦多的时候，当地曾在市中心举办了一场全城的、持续一整夜的艺术盛宴，叫作"白夜"，当时上演的好多灯光秀都是精彩绝伦，夺人心魄，让我至今无法忘怀，例如《时光穿梭之夜》《声音与梦想》《美好的夜晚》等。我很喜欢看戏剧《费尔南多·克拉珀给我写的信》，喜欢在安大略皇家博物馆举办的"中国武士展"中徜徉，喜欢流连于在安大略市艺术馆举办的《2010格兰吉摄影艺术奖——艺术展》，而在欣赏那些古典艺术的同时，我也为《哈利波特与死亡圣器》和《国王的演讲》痴狂。

5. 您认为哥伦比亚大学的什么最吸引您及原因。

沃伦·巴菲特曾说过，他最幸运的时刻就是他拿起《做个智慧投资人》并阅读这本书的时刻。通过这本书，我也找到了我的偶像，我的英雄——本杰明·格雷厄姆，同时哥伦比亚大学也第一次进入了我的视野。

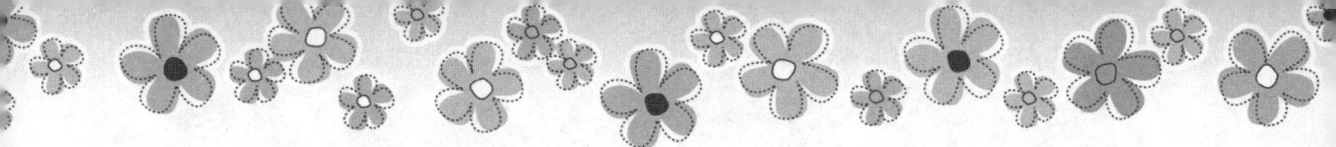

从那时起，我就不可救药地爱上了纽约这个熙熙攘攘的大都市，这片文化多元、支持自由思想的热土。尽管我也很欣赏贵校设置的基础课程，它为学生广泛学习各个学科的全面知识提供了很好的平台，但同时，我也被计量经济学、金融经济学等课程的精深所吸引。尤其是读过《市场失败的微观经济学》一书后，我心中对师从伯纳德·萨拉尼教授和保·泰德洛克教授门下的渴望更加强烈了。

在要求严格的 IB 课程（全球高中课程体系）中，我习惯了独立的学习。事实上，我很享受撰写关于中国政府实行对电力市场价格限制的动机分析的论文，而且，我希望通过我在哥伦比亚大学准备大四毕业论文的过程中进一步加强我的调研技巧及加深我对事物的理解能力。

除了以严谨为象征的学术项目外，我认为真正让哥伦比亚大学久负盛名，成为众多人向往之殿堂的是哥伦比亚大学的多样性，其多样性表现在方方面面，表现在大学的学术资源上，在其组织架构上，在其学生团体中，在其全球校友分布网络里，在其各具特色、精彩纷呈的院系中。在进入贵校学习后，我很想挑战自己，加入各式各样的有意思的社团，像花样滑冰训练组、剑术团。在一个文化多元、学生和教师视角独特、想法新颖的校园，我想它提供给我的不仅是更加舒适自在的生活学习环境，它真正的意义在于给我机会，让我成为一个更具世界视角的综合型人才。全球化是现行的世界趋势，而我相信，经过在哥伦比亚大学的学习和历练，能让我为这场全球化大潮前所未及的广度及深度做好准备。

加州理工学院
California Institute of Technology

一、学校简介

加州理工学院（California Institute of Technology，缩写为 Caltech 或 CIT）是美国的一所久负盛名的大学，位于加利福尼亚州的帕萨蒂纳（Pasadena），创建于 1891 年。这所学校规模不算大，只有 1000 余名研究生和 900 余名本科生，然而在《泰晤士报高等教育》2010 年世界大学排名中位列全球第二位。而在物理、行星科学、地理学领域公认为全美第一，世界第一。在美国《普林斯顿评论》全美"最难申请上的大学"评选中，加州理工学院排名第六。

这所私立大学的宗旨是"为教育事业、政府及工业发展需要培养富有创造力的科学家和工程师"。迄今为止学校只培养了两万余名学生，但其中有 31 人 32 次（鲍林曾两次获奖）获得诺贝尔奖，平均每一千个毕业学生中有一个诺贝尔奖得主，比例为世界大学之冠。

加州理工学院在校生有 2100 多名，共有 270 名教授、副教授、助理教授，其中有 66 个国家科学院院士、33 个国家工程院院士和 80 个国家艺术科学院院士，相当于现今全体教师的 36.7%，这在全美乃至全球是无校出其右的。

加州理工学院拥有世界最顶尖的一批科学家，在美国《探索》杂志评选出的美国 20 位 40 岁以下的最聪明的科学家中，加州理工学院的教授竟占 4 席。他们被视为各自研究领域的天才，结下了累累硕果。

加州理工学院坐落在加州南部的小城帕萨迪纳，距离好莱坞不远，风景宜人，校园安静祥和。这个学校很小，花上 20 分钟就逛完了。但是学校的惊人之处就在于一是学校的入学条件太过于苛刻，到了疯狂的程度，学校居然要求本科申请学生的高中成绩、SAT 分数、课外奖项、发明创造、动手能力和体育才能等都要出类拔萃；二是学费高昂，全美闻名，现在本科一年 6 万美元根本就不够，这还没算生活费；三是很多国家级的机密项目在学校内进行研究，所以对就读学生的审查和检查很严格。

对于中国学生来说，就读一些核心和涉及关键技术的专业是根本不可能的，而申请硕博的同学更是进不了比较高端保密的专业，如航天、航空和原子物理等。这很正常，因为中国的这些专业和美国是有竞争的。不仅仅是加州理工学院，美国各大学校的核心专业甚至是基础科学的核心项目，外国学生是很难进入的。这不能怪学校，因为它们拿到赞助时就已经有了这样那样的规定和限制了。所以，中国同学能拿到录取的院系多年来集中在基础研究专业。总的来说，这所学校里的中国研究生很少，读本科的中国同学也是凤毛麟角。

加州理工学院有多位诺贝尔奖获得者，师资力量非常雄厚，基本上课程大多由教授来教，而不是担任助教的研究生。学校课程分为几个系，而不是设置学院，这些系包括物理数学和天文学系、生物学系、工程与应用科学系、化学和化学工程系、天体研究和太空科学系、人文科学与社会科学系等，主要的研究室包括喷气推进实验室、地震学实验室、天文研究中心、海洋实验室、计算研究中心、生化实验室等。

在加州理工学院就读的中国本科学生选择的主修专业包括生物、化学、理论物理和地质学，在该校就读的研究生同学选择的专业多为化学、植物学、生物工程学、工程材料科学。

学校网址：http://www.caltech.edu/

二、文书申请

Caltech Supplements

1. What are three adjectives your friends would use to describe you?

My friends would say that I am humorous and exuberant. I don't make fun of everything, but

I make the hardest tasks bearable. They also think that I'm empathetic. I don't patronize them by telling them what to do but try to understand how they feel.

2. Please list three books, along with their authors, that have been particularly meaningful to you. You need not confine yourself to math – or science – related texts.

The Historian, Elizabeth Kostova—beautiful blend of history and fiction, taught me much about imagination, persistence, and self-discovery;

Outliers: The Story of Success, Malcolm Gladwell—most intriguing non-fiction about what makes people successful, taught me valuable lessons about study, work, and life;

Four Colors Suffice: How the Map Problem Was Solved, Robin Wilson—approachable presentation of interesting math questions, taught me about human intellect in mathematical innovation.

3. Caltech students have long been known for their quirky sense of humour and creative pranks and for finding unusual ways to have fun. What is something that you find fun or humorous?

"Why did the chicken cross the Mobius strip? To get to the same side." While I enjoy telling my friends jokes and pulling harmless pranks on my baby brother, nothing makes me laugh harder than The Big Bang Theory—a TV series that is set in Caltech and makes "nerdy the new sexy." For a theoretical physicist who has an IQ of 187, Dr. Sheldon Cooper and his ineptitude in social interactions create great comedy for the show. Along with his "C-men" (like X-men for Professor Xavier)- the easy-going Leonard who is in love with their beautiful, average neighbor; the horny Howard who still lives with his mother; and the Indian Raj who can't speak to woman unless drunk, Sheldon makes the world of science seem more lovable and accessible by contrast. Through them, I discovered the silly side of science. At the end of the day, science and wittiness make me laugh.

4. Interest in math, science, or engineering manifests itself in many forms. Caltech professor and Nobel Laureate Richard Feynman (1918-1988) explained, "I'd make a motor, I'd make a gadget that would go off when something passed a photocell, I'd play around

with selenium." He was exploring his interest in science, as he put it, by "piddling around all the time." In a page, more or less, tell the Admissions Committee how you express your interest, curiosity, or excitement about math, science or engineering.

Before answering this question, you might ask those around you—family, friends, or teachers—how they see you as a mathematician, scientist or engineer. They may offer insightful observations!

I was a willful child when I was young. My mother used to joke about me having obsessive-compulsive disorder, because I insisted that my dolls needed to be in an exact sequence, and that any answer I give must be not only correct but in the perfect format. I adored certainty and logic and loathed questions without a right or wrong answer. And so, easily, math became my favorite subject, though I did not understand the full extent of its beauty.

When I was in grade three, I spent all my time memorizing the multiplication table so that I could mentally calculate the product of two two-digit numbers instead of reciting ancient Chinese poems as I was supposed to. In fact, I found the concept of multiplication and the internal logic in mathematics to be so fascinating, that I couldn't help but share my excitement with my peers. I used cardboard to cut out three plates and six apples, put two in each plate, and gathered a group of first-graders to explain why three times two equals six. Of course it became apparent that my endeavor had probably been a waste of time, but to the ten-year-old me, I just couldn't wait to show off my "talent."

As I grew old and my life became more complex, I held on to my love for math. When I was studying in Beijing, the materials I learned in math class were purely theoretical, and a lot of our homework was quite repetitive. I would be lying if I said that I had never complained about the course load, but I soon found fun by extrapolating my own patterns in the repetition of formulae. For example, when I was given five full pages of completing the square, I didn't do it the normal way. Instead, I compared and contrasted one formula to another, hypothesized the outcome, and screamed in joy when my speculations were proven correct. I added my own spice of excitement to math by imagining it as a game. Under extreme pressure and competition in China, I perfected my fundamental mathematic skills, which allowed me to further my interest in math.

Three years ago my family immigrated to Canada. Somehow the paradigm of math began to evolve more around creativity rather than doctrine. I was able to study the subject at my own pace, and by the middle of Grade 10, I had taught myself all we had to know in high school. Along with my interest in fiction, I read and loved books such as *Flatland*, *Mathemagics*: *How to Look Like a Genius without Really Trying*, *Five Golden Rules*, *The Pythagorean Theorem*, *The Golden Ratio*, and the number 142857 found in Pyramid struck me with awe for the beauty of math. Although I was taking higher level math in the IB curriculum, I was thirsty for more.

With the encouragement of my math teacher, I hesitantly participated in my first math competition- the national Cayley Contest hosted by the University of Waterloo and the Center for Education in Mathematics and Computing. At first, it seemed wrong to me to compete in something I loved for the pure fun of it, but then I was enchanted by the depth of these questions. I was often forced to think outside the box and to innovate. The solutions were not straightforward, but whenever they are revealed, they are always followed by an "Ah!" I again delved into these contests, hoping to find out more. Amazingly, my excitement for math transferred into numerous math awards. To me, they are the proof of my prolonged journey.

So maybe I don't write numbers on my walls and haven't proven the Goldbach Conjecture. I express my love for math through the small things in life, whether it is solving a challenging question independently or explaining the process of multiplication to first-graders.

三、文书翻译

加州理工学院申请材料

1. 你的朋友会用哪三个形容词来形容你呢?

我的朋友会说我是一个幽默的且精力充沛的人。当然我不会嘲笑任何人、任何事,但我总是能够将最艰巨的任务变成大家能够承受的,他们也会说我是一个能够为他人着想的人,我不会摆出那种高高在上的姿态,告诉我的朋友们他们应该做些什么,而是努力去理解他们的感受。

2. 请你列举三本对你有特殊意义的书,并写出它们的作者,题材不仅限于数学、科学等题材。

《历史学家》,伊丽莎白·科斯特娃著。这本书把历史与科幻结合得如此美丽,让我

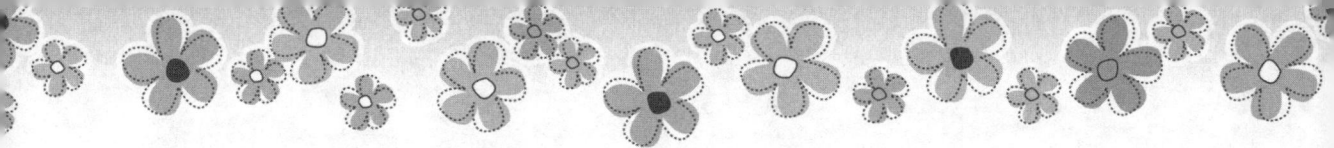

了解了很多关于想象、执着和自我发现的东西。

《异类：不一样的成功启示录》，迈尔克姆·格拉德沃尔著。这是一本特别能够引起人兴趣的、非科幻类、讲述如何让人成功的书，教会了我有关学习、工作和生活方面很多有价值的东西。

《四种颜色逛世界：地图问题是怎样解决的》，罗宾·威尔逊著。这本书以深入浅出的方式解释了有趣的数学问题，让我了解了人类智力在数学创新的过程中所发挥的巨大作用。

3. 众所周知，加利福尼亚理工学院的学生一直以其古怪的幽默感，有创意的恶作剧，用非同寻常的方式为自己找乐而闻名于世，你认为什么事情是有趣或很幽默的呢?

"为什么一只鸡穿过麦比乌斯带? 它想去它原来所在的那一面。"（注：麦比乌斯带只有一面）（出自《生活大爆炸》）我很喜欢给我的朋友们讲笑话，用一些毫无恶意的恶作剧来捉弄我的小弟弟，但是没有什么能比取景拍摄于加利福尼亚理工学院的电视剧《生活大爆炸》更让我开怀大笑了，这部电视剧让"书呆子"也变得很有吸引力。剧中的主角们以各种搞怪的方式为该剧添加了荒诞离奇的喜剧色彩，剧中的谢尔丹·库珀博士是一位智商值高达 187 的理论物理学家，他在社交方面的愚蠢且不恰当的举动是该剧中喜剧成分的一大亮点；平易近人，异常喜欢和依赖他的 C-man（类似于 X-man 也就是阿克萨威尔教授）的赖纳德，在剧中爱上了在生活和事业都很平庸的美丽的女邻居；饥渴却只能和他妈妈住在一起的爱德华；还有来自印度的拉吉，在剧中如果他不喝醉就不敢和女生说话。谢尔丹让科学的世界更加可爱且相对来说容易理解和接近了。通过他们，我发现了科学那傻傻的一面。看! 任世间多彩多姿，搞笑离奇之事无穷无尽，但最终，只有科学和机智让我开怀。

4. 对数学、科学和工程的兴趣能以各种形式显现出来，加利福尼亚理工学院的教授也是诺贝尔桂冠的得主理查德·费曼（1918–1988）曾对此话以下述方式解释过，"我想要做一个发动机；我想要做一个小机械，当有些东西照过光电池时，它会停止转动；我想要玩转硒元素。"他在探索他在科学里的兴趣，就像他说的那样，在科学里面"鬼混"。请您在本试题里，或多或少地向录取委员会表达你是怎样表达你对数学、科学和工程的兴趣，或是好奇和兴奋的感觉的。在回答此问题之前，你可以先问一问你的家人、朋友和老师，他们是怎么看你作为一个数学家、科学家或者工程师的，他们可能会为你提供一些有见地的意见。

当我还是个小孩子时，我非常固执。我的妈妈曾经开玩笑地说我对顺序是一种近乎强迫的痴迷，因为我坚持我的布娃娃必须按照一定的顺序来摆放，而且对于问题我给出的任何答案必须不仅正确而且还需要以完美的形式展现，我喜欢确定、有逻辑的答案，讨厌那些没有正确或错误答案的问题。因此，顺其自然地，数学成了我最喜欢的科目，尽管现在我还没有充分理解它的美丽。

当我还在读小学三年级时，我没有背诵父母认为我应该背诵的唐诗宋词，而是夜以继日地背诵乘法表，以便我可以心算两位数的乘除法。我觉得乘法的概念和数学中的内在逻辑是如此的有趣，我情不自禁地与我的同学们分享我的喜悦。我曾经用硬纸板来将 3 个盘子和 6 个苹果分割开来，将两个苹果放到一个盘子里。然后召集起一组一年级的学弟学妹，向他们解释为什么三个二等于六。当然，大家都能够看得出来，我的这番行动只是浪费时间，但是，想一想，对于还是 10 岁的我来说，这只是等不及去炫耀我的"天分"的一种表现。

随着我年龄的增长，我的生活变得越来越复杂，我仍旧热爱数学。但是当我还在北京学习的时候，我在课堂上学习的东西可以说是纯理论性质的，而且我们大部分的家庭作业都是重复性的，如果我说我从来都没有抱怨过沉重的课业负担，那我真的是在说谎。但后来我发现在重复公式的同时推断出我自己的答案也是非常有趣的。例如，当我的老师给我五整页作业纸，让我完成一个正方形题目时，我并没有用正常的方式来完成它，我对两个公式进行了比较，对结果进行了假设，而当最终结果证明我的猜想是正确的时候，我喜悦地尖叫了起来。通过将数学想象为一种游戏，我在数学里面添加了一丝独属于我的兴奋感。在中国高压高竞争的背景下，我完善了基本的数学技巧，而也正是这种技巧，能够让我进一步发展我对数学的兴趣。

三年前，我随我的家人移民加拿大。从那时起，数学方面的范例除了教义外添加了越来越多的创意元素。在那里，我得以用自己的步伐学习数学，而且在十年级上半学期结束时，我已经通过自学完成了所有高中应该学的课程。因为我对小说很感兴趣，我在生活中广泛涉猎各类书籍，例如：《二维世界》《速算学：如何轻松成为天才》《五大黄金准则》，《毕氏定理》《黄金比率》，而发现于金字塔内的一组数字 142857 让我心怀敬畏地又一次领略了数学的美丽。尽管我现在正在 IB 项目中读更高层次的数学课程，但我知道，我还想要更多。

在数学老师的鼓励下，我满是犹豫地参加了我人生中第一次数学竞赛——由滑铁卢大学、数学和计算教学中心联合举办的全国性"凯雷竞赛"。最初，我觉得在我纯粹感兴趣的科目上进行竞赛，感觉是如此的糟糕。但是随后，我深深地被这些问题的深度吸引了，我仿佛被施了魔法一般。在这些竞赛中，很多时候，我不得不让我的思想"置身题外"，去思考去创新。那些问题解决的途径从来都不是直接的，但无论何时，当答案揭晓时，总是会伴随着一声惊叹。于是，我又一次全情投入到这些竞赛中，希望能得到更多我想要的知识，令人惊奇的是，我对数学的热情却转化成了很多的奖杯。对于我来说，它们是我在数学漫长旅程中上下求索的证明。

也许我没有在我的墙上写数字，没有证明过哥德巴赫猜想。但是我通过日常生活中的一些小事，例如，我独立地解决挑战性的问题，三年级年幼无知的我向一年级的学弟学妹解释乘法的过程，表达了我对数学的热爱。

斯坦福大学
Stanford University

一、学校简介

斯坦福大学简称斯坦福，是美国一所私立大学，被公认为世界上最杰出的大学之一。它位于加利福尼亚州的斯坦福市，临近旧金山。斯坦福大学拥有的资产属于世界大学中最大的之一。它占地 35 平方公里，是美国面积第二大的大学。

斯坦福大学始建于 1885 年。当时的加州铁路大王、曾担任加州州长的老利兰·斯坦福为纪念他在意大利游历时染病而死的儿子，决定捐钱在帕洛·阿尔托成立以他儿子命名的大学，并把自己 8180 英亩用来培训优种赛马的农场拿出来作为学校的校园。他的这一决定为以后的加州及美国带来了无尽的财富，尽管当时这里在美国人眼中还是荒凉闭塞的边远西部。直到现在，人们还称斯坦福为"农场"。因此，在斯坦福大学，自行车是学生们必备的交通工具。

斯坦福大学基金雄厚，经费充足，教学设备也极为充裕。图书馆藏书 650 万册。校内设有 7000 多部计算机供学生使用，还设有多个计算机室及计算机中心为学生提供服务。学生可利用网络与校内的师生联系。此外，校内的体育设施也很多，有能容纳 8.5 万人的体育馆、高尔夫球场和游泳池等。

20 世纪 60 年代，当加利福尼亚大学伯克利分校在学术和学生运动上双双远近驰名之际，斯坦福大学却还默默无闻。今天，斯坦福大学已经被视作"西岸的哈佛大学"。

斯坦福的腾飞，是 1970 年之后的事，恐怕我们还得归功于斯坦福的大。8000 多英亩的面积，学校想怎么用也用不完，于是 1959 年工程学院院长特曼（Frederick Terman）提出

了一个构想——这便是斯坦福大学的转折点：将1000英亩以极低廉、只具象征性的地租，长期租给工商业界或毕业校友设立公司，再由他们与学校合作，提供各种研究项目和学生实习机会。

斯坦福由此成为美国首家在校园内成立工业园区的大学，正是得益于拿出土地换来的巨大收获，斯坦福使自己置身于美国的前沿：工业园区内企业一家接一家地开张，不久就超出斯坦福能提供的土地范围并向外发展扩张，形成美国加州科技尖端、精英云集的"硅谷"（Silicon Valley）。

斯坦福大学被科技集团与企业重重包围，与高科技、商界、实用主义和开拓精神这些典型的"美国精神"建立起密切的联系。随着美国西海岸高科技带的兴起，各大科技公司，包括世纪宠儿微软公司纷纷在这一线安营扎寨，斯坦福大学的地位举足轻重。

斯坦福大学的毕业生为人类文明、科学技术进步、世界政治经济、现代商业的发展做出了极其卓越的贡献。他们创造了世界众多一流企业，包括惠普（HP）、思科（Cisco）、易趣（eBay）、艺电（Electronic Art）、盖璞（Gap）、谷歌（Google）、耐克（Nike）、雅虎（Yahoo）以及数以百计的美国知名上市公司。

如果说，哈佛与耶鲁大学代表着美国传统的人文精神，那么，斯坦福大学则是21世纪科技精神的象征。

斯坦福大学是一所四年制私立大学，被《美国新闻与世界报道》评为全美第五名明星级大学，全美学术排名第一。其工程学院、教育学院、商科研究生院、企业管理研究所和法学院在美国排名均名列前茅。曾一度，美国最高法院的9个大法官，有6个是从斯坦福大学法学院毕业的。

其博士课程排名中，生物学第一，计算机科学与卡内基·梅隆大学、麻省理工学院、加州大学伯克利分校并列第一，地质学第三，数学与普林斯顿大学、加州大学伯克利分校并列第三，物理学与哈佛大学、普林斯顿大学、加州大学伯克利分校并列第三，应用数学第四，化学第五。其他名列前茅的课程还有英语、心理学、大众传播、生物化学、经济学和戏剧。

据最近一份官方统计表明，斯坦福大学应届毕业生年平均收入高居全美大学之冠。1998 年美国总统克林顿的独生女切尔西选择了斯坦福大学。无疑，这也是斯坦福大学实力的又一证明。

斯坦福大学商学院（Stanford GSB）特点和优势

创建于 1925 年的斯坦福大学商学院是一所志向远大的学校，从其口号"Change Lives，Change Organizations，Change the World"就可以见其雄心壮志。学校为学生提供个性化的教学，从"头脑培训"和"技巧培训"两方面提供各种各样的机会和资源，最大程度上挖掘学生的潜能，使学生在职业和个人两个方面都得到最好的成长。另外学校的文化和班级特色还给学生以机会跟同学建立终身的校友关系网络，为个人将来的发展带来很多帮助。

● 个性化的教学（Personalized Education）

斯坦福大学商学院的 MBA 教学结构可谓灵活多样，学校允许学生自己安排完成学业，提供了可以自由选择的、灵活的课程。跟其他很多学校的 MBA 项目不同，学校会帮助学生根据自己的专业背景、工作经历、兴趣爱好、职业目标来选择合适的基础课程、选修课程、研讨会、国际活动以及跨校课程，学校为每一个学生安排了专业的职业发展顾问团队，包括师生导师（Dedicated Faculty Advisor）、领导力训练师（Leadership Coach）、职业顾问（Career Advisor）和生活顾问（Student Life Advisor），他们都会帮助学生最大可能地从 MBA 经历中获益，使自己的潜能得到最大的发挥。

斯坦福大学商学院近年来在教学中特别强调高科技的运用。很多课程的内容都涉及如何创立高科技公司，如何在某个行业或大企业实行技术转变，以及如何运用新技术来开发新产品等。为此，学校每年要从硅谷等地邀请很多企业高层管理人员来为学生授课，讲述他们的实践经验。而很多 MBA 学生在念书的时候，就参加硅谷小公司的商业计划、发展和管理，在没有毕业时就和这些公司建立了密切的联系。另外，商学院还和著名的斯坦福工程学院联合授课，以满足学生更多地了解技术发展的要求。

● 教育创新（Innovative Learning）

斯坦福大学商学院的教育创新为学生提供了获得各式各样学习体验的机会。学院的 MBA 课程不拘泥于传统的案例教学，而是通过集体合作项目、讲课和案例分析相结合来

完成的，课上使用的材料有 30% 取自国外。在基本商业课程教育的基础上，学校会邀请很多世界知名的学界和商界人士到课堂上来为同学们宣讲他们的最新研究成果和经历，学校还为学生们提供了很多到别的学校学习的机会和很多学校以外的资源。当然学校里面的学习氛围也是非常浓厚的，校园里时常举办高水准的讲座、生动的案例教学、专业的研讨会，总之，在学校里你可以有各种机会尝试新的事物，收获学习的乐趣。

- 国际和社会影响力（Global and Social Impact）

斯坦福大学商学院可以为学生提供很多国际经验，比如学校会资助学生进行全球学习旅行（Global Study Trips）、服务知识旅行（Service Learning Trips）和浸入式学习（Immersion Internships），所有的这些都会为你将来进行国际化工作做更好的准备。另外学校还非常注重培养学生的社会观念，给学生提供各样的机会参与各种社会活动，并从中学习到很多社会和环境等方面的知识，培养这方面的观念和意识，使学生在毕业进入社会工作之后，能更加主动地关注商业行为背后的社会和环境效应。2007 年推出的全新课程中，更是要求每个学生都必须有国际化经历，这在商学院中是独树一帜的。

- 具有协作精神的团体（Collaborative Community）

相比其他的项目而言，斯坦福大学商学院的 MBA 项目规模不大，每个班的学生人数是 360 人左右。在这样规模的班级中，学生之间可以很快地认识每一个人，很多都可以发展成为终身的朋友。另外值得一提的是，斯坦福大学商学院拥有突出的团结协作的学校文化，因此在班级里学生之间会进行深入的互动和交流，互相学习互相帮助，而每一个人都有自己独特的专长和特点，你身边的每一个人都会是你不可多得的资源。

学校还有 60 多个学生社团，可以从各个方面帮助学生提高技能，其中有很多专门领域的社团，比如财经俱乐部，社团的成员们有机会和专业老师、职业发展机构紧密地联系。

另外值得一提的就是强大的 Alumni 网络，至今斯坦福大学商学院在全球的 Alumni 总人数已经超过 2.5 万人，他们分散在世界的各个地方，但是他们都会尽自己的所能为斯坦福大学商学院的学生提供各种帮助，而 Alumni 与学校以及 Alumni 之间也都保持了很密切的联系。即使你已经离开校园，你还是可以得到很多的职业发展方面的资源，从而获得更大的成功。

斯坦福大学商学院和哈佛大学商学院被认为是美国最好的商学院。这两所学院多次在美国权威杂志的商学院排名中并列第一。哈佛商学院代表比较传统的经营管理培训，培养

的是"西装革履式"的大企业管理人才；而斯坦福商学院则更强调开创新科技新企业的"小企业精神"，培养的是"穿 T 恤衫"的新一代小企业家。

光从学生人数来说，斯坦福商学院的规模要比哈佛商学院小得多。斯坦福有一种叫 Sloan 的企业管理人才培训计划，为期 10 个月，每年只招收 50 人左右。

但是要从学生素质来说，在全美的 730 多个商学院中，没有一所商学院的入学竞争有斯坦福商学院这样激烈。最近几年来，每年有 5000 到 6000 人申请进入斯坦福商学院，但是只有 360 个幸运者如愿以偿。从这个角度来说，斯坦福商学院是美国"身价"最高的商学院。之所以如此的最主要原因是学校要保证教学质量，保证学生的高素质和高标准。

斯坦福商学院要求学生有一定的理论深度，因为它相信，商学院的毕业生应该从商学院的教育中至少受益 20 年。也就是说，他们不仅应该了解他们在毕业后会面临什么样的商业世界，也应该有足够的才智来应付 20 年以后经过了变化的商业世界。

在斯坦福，第一年的基础课之后，一般要求学生在第二年选一个专业方向，这些专业方向包括制造业管理、小企业创建和管理、国际工商管理、保健事业管理以及公共事业管理等。这样做的目的，是为了使学生对将来可能从事的行业有系统而深入的了解，掌握实际和理论的知识。

斯坦福商学院在强调实际管理经验的同时，也强调对经济、金融、市场运转等理论的长期性研究，研究成果比其他一流商学院更多一些。过去几十年来，这所商学院好几位教授的研究成果，都获得了诺贝尔经济学奖。

非常高的淘汰率也是斯坦福大学 MBA 闻名世界的原因之一。目前每年约有 5000 名申请者，最多的一年达到 8000 人，而录取率只有 7%。教师是 MBA 教育中的一个关键因素。斯坦福商学院师资力量雄厚，教师和学生的比率为 1：6，包括自 1990 年起的 3 位诺贝尔奖得主。MBA 并不是通常所理解的硕士学位那么简单，它是一个系统而广泛的专业。因此保证学生的多样性是一个非常重要的方面。斯坦福大学 MBA 专业的学生来自各个领域，这样可以增加学生之间的互补，在一定程度上促进了学生的学习。

斯坦福大学医学院

美国斯坦福大学是世界著名的高等学府，大学医学院在医疗、科研及教学等领域处于世界领先地位。它同时也处于美国生物技术和信息技术的中心腹地，对临床及实验室的研究成果应用于医疗起了促进作用。

斯坦福大学医学院在心脏内外科、肿瘤、放射诊断及神经科学等许多学科取得重大医学成果。斯坦福大学医学院的心脏移植技术处于世界领先地位，已成为世界终末心衰可行的治疗手段。治疗冠状动脉疾病的经皮穿刺技术的新进展，处于心脏介入技术的前沿。今天，世界已公认了斯坦福大学医学院在心脏内外科上的领导地位。

斯坦福大学医学院在肿瘤方面的成就包括何杰金氏病的化疗及放疗技术的发展，显著提高患者的治疗效果。病人在斯坦福大学医学院可以得到最先进的抗癌治疗，包括最新的放疗方案、化疗药物、用单克隆抗体和手术治疗各种淋巴瘤的技术等。肿瘤特殊治疗中骨髓移植的技术，已得到全美承认。

斯坦福大学医学院对神经疾病的内外科治疗也属领先，其放射诊断技术、核磁共振成像技术也是世界上最先进的。

学校网址：http://www.stanford.edu/

二、申请文书

Stanford Supplements

1. Virtually all of Stanford's undergraduates live on campus. Write a note to your future roommate that reveals something about you or that will help your roommate – and us – know you better.

Dear roommate:

Allow me to introduce myself. My name is Liqing, but everyone just calls me Lydia. I spent a lot of time in the past 18 years travelling around the world, and I loved the experience. My

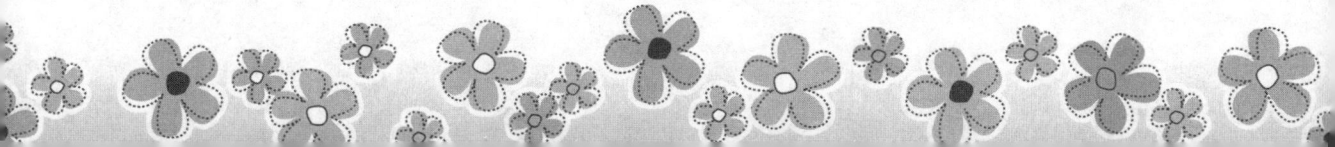

parents now live in Toronto with my brother, with whom I fight when I'm home but miss so much when I'm not. Although I've always lived with my family, I am quite independent.

Coming to North America has been a major jump for me. The education system is so different from that in China. I used to only care about the marks, but since I moved to Canada, I've tried almost every extracurricular activity, and now I'm only hungry for more. I think going to college is also a fresh start, and I truly hope that we can become close friends. I think I'm pretty considerate and, trust me, I'm not a dull person.

In high school, my favorite subjects are math and economics, but Shakespearean sonnets really touch my heart as well. During the economic crisis, my best friend was forced to go back to Korea. I realized how tremendously an economic event could impact people's lives, and I have wanted to become an economist ever since. The one thing I'm especially excited about getting into Stanford is that I will also be able to take courses that I've always wanted to try but never had the opportunity. Would you like to take astronomy with me, just for fun?

In the end, here are some random facts about me: I love to read mystery and historical fiction; they are always good exercise for the brain. I was head of the culinary club and I can make you AUTHENTIC Chinese food. I collect shoes—high heels and Nike Air in particular. So if I take up too much space, can I share my sweaters with you in exchange?

Well, that's enough about me. What about you?

Lydia Ding

2. Tell us what makes Stanford a good place for you.

Economics has been my passion ever since I realized, through my entrepreneurial parents, the opportunities it can lead to for me and for others. Although I greatly appreciate Stanford's disciplinary breadth, which provides a platform for all knowledge in life, I'm more intrigued by the sophistication of courses such as The Economy of Cities. I've read numerous articles from the *American Economic Review*, and I'm excited to work with Professors Robert Hall, Lawrence Goulder, and so on. I believe that my participation and achievements in math contests, debating, and student government have equipped me with the necessary tools and presentation skills to

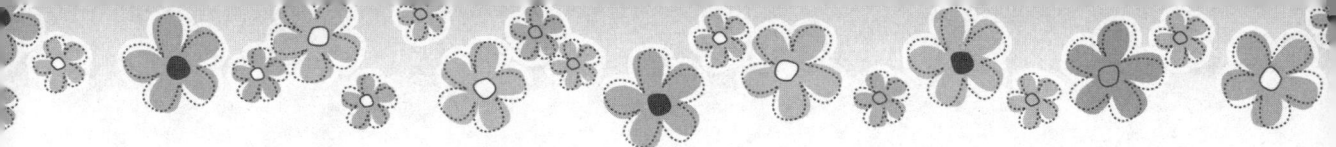

embark on a challenging and rewarding journey at Stanford.

Stanford describes itself as having "intellectual vitality." I see myself as having this as well. While studying in the competitive environment in Beijing has helped me perfect the fundamentals, I am used to answering my own curiosity through independent study. I genuinely enjoyed writing a research paper on the motives of the Chinese government's implementation of a price ceiling on the electricity market, and I hope to deepen my understanding with further research opportunities overseas and supported by renowned faculty members.

There are many things I would want to explore at Stanford. Since coming to Canada, I have tried, and fortunately succeeded in, extracurricular activities that I'd never even heard of in China such as rowing and Model United Nations. I adapt easily to new environments, and I hope to make the most out of my undergraduate degree. I already have my eyes set on Alliance Streetdance, Stanford Women in Business, Project Love, and Archery!

三、文书翻译

斯坦福大学申请材料

1. 众所周知，基本上所有的斯坦福大学本科生都住在校园里，给你未来的室友写一封信，介绍你自己，以便让你未来的室友和我们更好地了解你。

亲爱的室友：

请允许我来介绍我自己，我的中文名字叫丽晴，但是大家都叫我的英文名字 Lydia。在过去的 18 年里，我用很多时间去全世界的很多地方旅游，它丰富了我的人生体验。我的父母和我的小弟弟现居住在多伦多，说起来真的很奇怪，因为当我在家的时候，我总是会和他们吵架，但当我只身在外时，我又真的很想念他们。尽管我大多数时间都和我的家人住在一起，但是我认为我在生活方面很独立。

来到北美上学对我来说无疑是个巨大的飞跃，因为这里的教育体系和我所在的中国的教育体系截然不同。在中国学习时，我只在乎我的考试分数，但是自从三年前，我随家人移民到加拿大以来，我几乎参与了我所接触到的每一种课外活动，但是，我还是觉得不够，

好奇心的大门已经打开，我渴望参与的更多。我觉得进入大学学习生活对我来说将是全新的开始，我希望在接下来的学习生活中，我们可以互相帮助，成为很好的朋友。我自认为是一个很体贴的人，而且相信我，我不是一个无趣的"书呆子"。

在读高中时，我最喜欢的科目是数学和经济学，但同时，莎士比亚浪漫的十四行诗也深深地触动了我的心灵。在 2008 年金融危机爆发时，我来自韩国的好友，由于家庭经济条件备受打击，她不得不回韩国。由此，我也意识到经济事件对人们的日常生活的深刻影响，从那时起，有一个崇高的理想在我心中滋生了，那就是成为一名经济学家。来到斯坦福大学学习，还有一个让我很兴奋的原因就是，我能够有机会去参与一些我渴望学习但却苦于没有机会参与的课程。比如天文学，你愿意和我一起去听天文学的课程吗？没有任何其他原因，只是因为喜欢，因为这门课程很有趣。

最后，我再向你介绍一些我的奇怪的小嗜好：我喜欢看一些疑案和历史类的小说，阅读那些书的过程，我的大脑能够得到充分的锻炼；我曾是烹饪小组的组长，因此，我可以在闲暇之余，给你做正宗地道的中国菜；我喜欢收集很多的鞋子，尤其是高跟鞋和耐克的气垫慢跑鞋，如果我的这些鞋子占用了衣橱太多的空间的话，你不要不高兴，我有方法来补偿你——你可以穿我的小毛衫！

关于我的情况就先介绍到这吧，你有什么想对我说的呢？

丁丽晴

2. 请陈述您认为适合在斯坦福大学学习和生活的理由。

自从几年前我确立了成为经济学家的梦想后，我一直对经济学充满激情。作为企业家的女儿，我也有充足的机会在日常生活中接触到各种经济上的问题。我很欣赏斯坦福大学要求严格的广识教育，这为学生掌握广泛知识提供了很好的平台。但我不得不承认城市经济等课程的精深，引起了我极大的兴趣。我在《美国经济评论》上读了很多文章，我非常期待有朝一日能师从罗伯特·霍尔教授、劳伦斯·歌德教授等殿堂级人物。我相信我曾经参加数学竞赛、辩论会和学生政府的经历，曾有幸在这些活动中获得的殊荣，让我有必需的能力和课堂展示技巧开始我在斯坦福大学极具挑战性，同时也必将收获丰富的美好旅程。

斯坦福大学以其思想极具活力而著称，而我认为我自己也是一个思想很有活力的人，在北京极具竞争力的学习环境下，我完善了我的基础知识，而同时，我也习惯于通过自主学习来满足我的好奇心。我目前正在独立写一篇分析中国政府实行限制电力市场整体价格动机的论文，我也真的很享受其间调研和整理的过程。我希望通过进一步的调研和斯坦福大学举世闻名的教授的指导来加深我对事物的理解力。

若我能够有幸来到斯坦福大学学习，我希望我能够尽可能多地尝试各种新鲜事物。自从我去加拿大学习开始，我十分幸运地参加了很多课外活动，其中有一些是我在中国闻所未闻的，像划船小组、联合国模型组。我对新环境的适应能力极强，我希望我能够尽可能多地参加各种各样的课外活动，丰富我的大学生活。事实上，我已经决定，等我进入斯坦福大学学习后，我要参加街舞联盟社团、斯坦福女性商业实践组、爱心工程和箭术社团。

哈佛大学
Harvard University

一、学校简介

哈佛大学——全球最多亿万富翁就读的大学,她与世界上第一条地下铁、第一条电话线生活在同一座城市!

美国独立战争以来几乎所有的革命先驱都出自于她的门下,她被誉为美国政府的思想库。先后诞生了 8 位美国总统,40 位诺贝尔奖得主和 30 位普利策奖得主。她的一举一动决定着美国的社会发展和经济走向,商学院案例教学盛名远播。培养了微软、IBM、FaceBook,一个个商业奇迹的缔造者。她的燕京学社倾力于中美文化的交流,沟通中美两国关系的基辛格博士,奠基了中国近代人文和自然学科的林语堂、竺可桢、梁实秋、梁思成,一个个响亮的名字,都和这所世界最著名的高等学府息息相关。

哈佛大学正式注册名称为 The President and Fellows of Harvard College,是一所位于美国马萨诸塞州剑桥的私立大学,常春藤盟校成员之一。1636 年由马萨诸塞州殖民地立法机关立案成立,迄今已是美国历史最悠久的高等学府,也是北美第一间和最古老的法人机构。

哈佛大学都位于剑桥市,该校与临近的麻省理工学院在世界上享有一流大学的声誉、财富和影响力,在英语系大学的排名尤其突出。另外,哈佛也是全世界生产最多有"全球本科生诺贝尔奖"之称的罗德奖学金得主的大学。

从 40 岁开始担任哈佛大学校长(1869—1909)的查尔斯·威廉·艾略特 (Charles William Eliot) 从根本上使哈佛蜕变为现代美国的研究型大学。艾略特的改革措施包括选修课程、

小班授课以及入学考试，此"哈佛模式"影响了美国国家的高等和中等教育政策。此外，艾略特还负责出版了著名的"哈佛经典"，从多个学科收集"伟大的书"。他的名字在1926年逝世后，已和"哈佛"共同成为美国高等教育普遍愿景的同义词。

哈佛大学图书馆藏书超过1500万册，是美国最大的学术图书馆，规模约为全球第五（仅次于美国国会图书馆、大英图书馆、法国国家图书馆、纽约公共图书馆）。2017年，哈佛大学位列世界大学学术排名第一。2017年6月，《泰晤士高等教育》公布世界大学声誉排名，哈佛大学排名世界第一。

哈佛大学前身为哈佛学院。1636年10月28日，马萨诸塞海湾殖民地议会通过决议，决定筹建一所像英国剑桥大学那样的高等学府，每年拨款400英镑（对应于当时经济情况）。由于创始人中不少人出身于英国剑桥大学，他们就把哈佛大学所在的新镇命名为剑桥。

哈佛大学1638年正式开学，第一届学生共有9人。1638年9月14日，牧师兼伊曼纽尔学院院长的约翰·哈佛病逝，他生前把一半积蓄720英镑和400余册图书捐赠给这所学校。1639年3月13日，马萨诸塞海湾殖民地议会通过决议，把这所学校命名为哈佛学院。

在建校的最初一个半世纪中，学校体制主要仿照欧洲大学。1721年正式设立神学教授职位，1727年设立数学和自然科学教授职位，1780年设立医学教授职位。同年扩建成哈佛大学；1816年成立神学院，1817年成立法学院，以后各学院相继在19世纪成立。教育学院成立于1920年；1936年又成立了政治学院（1966年命名为J.F.肯尼迪政治学院）。

1966年以来，哈佛大学共设10个研究生院，即文理、商业管理、设计、牙科医学、神学、教育、法学、医学、公共卫生和肯尼迪政治学院；2个招收大学本科生的学院，即哈佛学院和拉德克利夫学院；并设继续教育办公室，专门负责暑期学校、附设课程和终身学习中心。牙科医学、医学、公共卫生等3个研究生院设立在波士顿，其余各学院均集中于剑桥。各学院具有相对的独立性，哈佛历任校长坚持3A原则，即学术自由、学术自治和学术中立（这三个原则英文词第一个字母均是A）。

历史上，哈佛大学的毕业生中共有8位曾当选为美国总统。他们是约翰·亚当斯（美国第二任总统）、约翰·昆西·亚当斯、拉瑟福德·海斯、西奥多·罗斯福、富兰克林·罗斯福（连任四届）、约翰·肯尼迪、乔治·沃克·布什和巴拉克·侯赛因·奥巴马。哈佛大学的教授团中总共产生过34名诺贝尔奖得主。

学校早年开设的课程以英国大学的模式为基础，但是在思想上与这个殖民拓荒地盛行的清教徒的哲学保持一致。尽管它早年的许多毕业生成了整个新英格兰地区的清教徒聚居地的牧师，学校却从未正式加入过某一个特定的教派。一份出版于 1643 年的早期的小册子阐明了哈佛大学的存在："促进知识并使之永存后代。"

如今，哈佛大学已发展成为拥有十个研究生院、四十多个系科、一百多个专业的大型院校。正式注册有 1.8 万名学位候选人，以研究生为主，也包括本科生。另外还有 1.3 万名非学位学生在其扩展学院学习一门或更多的课程。在哈佛大学工作的教职员工超过 1.4 万人，包括超过 2000 名的教授和讲师。还有 7000 多教员在所属的各个教学医院工作。多年来，哈佛大学除了培养大量的本国学生外，还接纳了来自世界各国的大批留学生和访问学者。

哈佛大学主要有以下 20 多个学院和研究所：哈佛学院、医学院、法学院、文理学院、公共卫生学院、政治学和政府研究院、教育学院、设计学院、商学院。哈佛学科设置数量庞大，涉及的专业和研究面广，很多学校都是模仿哈佛和普林斯顿来设置课程。基本上哈佛所有专业都可以授予硕士、博士学位。

哈佛一直有招收中国学生的传统，相比起别的常春藤学校来说，在哈佛读硕博的中国留学生比例算比较高的了。同学们一般就读的专业为文化研究、东亚政治研究、历史政治学、社会学、地球物理、生物化学、分子生物、政策分析和政府研究、考古人类学、统计学、教育学、免疫学、药物学、人力资源等。

据调查数据显示，在哈佛就读的中国大陆本科生的人数很少，甚至少于从中国台湾来的同学。这些就读本科的同学最后选读的专业多为文科类，如经济学、社会学和政府管理类专业等。值得注意的是，过去的三年中约有超过 40% 的哈佛录取本科生 SAT1 成绩不到 1800 分。这也凸显了常春藤名校招生的一个根本特点：多元化学生背景营造多元化学生班级。

美国教育界有这么一个说法：哈佛大学可算是全美所有大学中的一项王冠，而王冠上那夺人眼目的宝珠，就是哈佛商学院。

哈佛商学院（Harvard Business School，简称，HBS）是美国培养企业人才最著名的学府，被美国人称为是商人、主管、总经理的西点军校，美国许多大企业家和政治家都在这里学习过。在美国 500 强公司里担任最高职位的经理中，有五分之一毕业于这所学院。哈佛工商管理硕士学位（Master of Business Administration，简称 MBA）成了权力与金钱的象征，成了许多美国青年梦寐以求的学位。

哈佛商学院是一个制造"职业老板"的"工厂"，哈佛的 MBA 们都疯狂地关心企业的成长和利润，他们有着极强的追求成功的冲动和自命不凡的意识，他们是商业活动中的"职业杀手"。MBA 毕业生平均年薪可达 10 万美金以上，以致美国人指责 MBA 的第一条缺点就是他们的身价太高。

哈佛商学院每年要招收 750 名两年制的硕士研究生、30 名四年制的博士研究生和 2000 名各类在职的经理进行学习培训；暑期还要招收学制六周的"专业管理（如医疗卫生管理、大学及学院管理等）进修班"。全年开设政策、决策、计划、控制、财务、市场、生产运行、科技开发、组织结构、行为科学、数学方法、计算机技术等 100 多门课程。

哈佛商学院是如今美国最大、最富、最有名望，也是最有权威的管理学校。哈佛商学院的基金达 2.5 亿美元之巨，比美国所有其他管理学校的总和还多。

学校网址：http://www.harvard.edu/

二、申请文书

Life is full of choices, and to choose one thing is to forgo another. The dilemma of foreignness comes down to one of liberty versus fraternity- the pleasures of freedom versus the pleasures of belonging. The homebody chooses the pleasures of belonging. The foreigner chooses the pleasures of freedom, and the pains that go with them.

—The Economist, Dec. 17th, 2009

The sunset in the distance elongated my shadow on the African soil. The cubicle dwellings of the township were enveloped in different shades of peach. There was barely any green on the ground, as it was winter in South Africa, but on the near hills, the red flowers of the krantz aloe (in Xhosa, ikalene) were just visible in the highlights of the sun. I watched an African woman walk past me on the other side of the road, carrying a package that was disproportionate to the head underneath it. Cursorily, she glanced at me, but then as if she had discovered another species, she perused my figure with the greatest attention. Who would have expected that meeting an Asian

哈
佛
女
孩
养
成
记

on the street was so interesting? Remembering what the students at the Queenstown Get Ahead Project School (QGAP) had asked me on the first day—"You're the first, REAL Chinese I've ever met—so do you know kung fu?" I couldn't help but laugh at the mutual feelings of novelty.

My family roams around the world: I have travelled to more than 12 countries and have studied at more than 15 schools. I have always been a meticulous observer of different cultures, but I do not always enjoy being the "foreigner".

So far, my summer "vacation" consisted of waking up at 6:30am, shivering in my fleece jacket, and preparing calculus questions to teach. I had asked for an opportunity to join three teachers from Toronto on a faculty initiative to the impoverished area of South Africa, the Eastern Cape, to help students my own age prepare for their national Matric Exam.

I came to an intersection of roads, which equally seemed to lead to nowhere. I was bathed not only in the warmth of the setting sun, but also in the sights of every pedestrian passing by. The sky had turned into a geography of bright orange, flickering with its last sources of energy. There were at least five possible directions, all identical with their yellowed walls and bright red roofs. Another challenge in life. Afraid of taking the wrong turn, I hesitated, my legs glued to the ground.

My mind flashed back to a much warmer morning, about two days earlier, when I had asked a student at QGAP School about her unfinished homework. As the teachers' assistant and as the students' peer, I enjoyed these individual communications: "Hey, you're off to a great start on your math portfolio, but how come you never finished?"

"I'm so sorry, Ma'am. I had to take care of my twin babies and there was simply not…"

"I'm the same age as you are! You don't need to call me… EXCUSE me? Babies?!" I gasped. "Are you okay? I mean, does anyone else know?"

"Yes, it's not exactly uncommon here," she pointed to another girl. "She also has a baby, and someone else is on leave because she's pregnant."

I remembered when my family finally "settled" in Canada when I was 15. Until then my life had been episodes of studying in either Vancouver or Beijing. I couldn't help but moan about

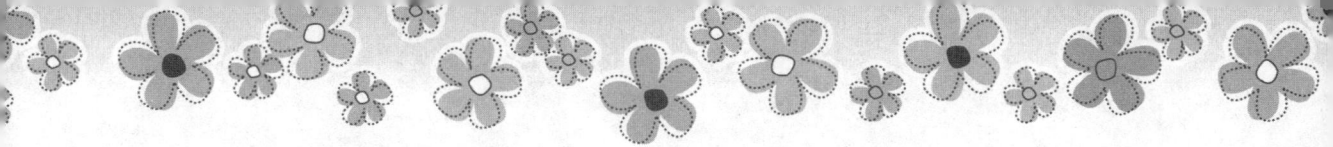

the one-meter-high snow of the Toronto winter, my loss of friendships and favorite food, and the challenges of acclimatizing not only to a new school but also to a seemingly new culture. The moment in South Africa made me realize that these were no challenges at all compared to raising a baby while going to school.

Standing at the intersection, I realized that there would always be alternative paths and possibilities. Despite the natural unease of being in a foreign place, I randomly decided to take the road that pointed towards the distant mountain. As I walked past the squat buildings and tall fences (some even with electrical wires), I came across the church. It looked like a miniature compared to St. Paul's Cathedral in London or St. Mary's in Sydney, but something – the worn, wooden door, the aged carvings, or perhaps its distinct, pointed roof among all the flat rooftops surrounding it – gave it a sense of magnificence and solemnity. Gilded by the sun, the church was enfolded in a warming ambiance. The view softened my heart.

"How can you tell where you're going? The buildings all look the same to me," I had asked a recently-made friend at QGAP School.

"Well, it's simple. The church is always at the center of any town in South Africa, and you can see the pointed roof anywhere. We like to say that God is leading our way."

The people I met in South Africa were extremely religious, breaking out into gospel songs during bus rides, praying from the bottoms of their hearts. They taught me much about faith. On the other hand, 99% of the Chinese population is atheist – in fact, Karl Marx believed that, to achieve true Communism, all religions must be eliminated. So when I moved to Toronto, my religious vacuum was suddenly filled with a million different religions. I was introduced by my Jewish friends to the most intricate candelabra, the Menorah; I argued with a deeply Christian friend about homosexual marriages; I also learned that every person in Jainism had the same last name, Jain. The leap from no religion to every possible religion forced me to come out of my accepted culture and become a more cosmopolitan, aware citizen. Coming to South Africa highlighted and again challenged my perception and emotional receptiveness.

As the sun slowly sank into the horizon, I stood in the street, thinking about my friend with her babies, my past travels, and my walk through Queenstown. I knew nothing about this place,

but that very reason gave me the liberty to explore and discover. A randomly selected street led me to the majestic religious center of the Xhosa people. In this town and in life, I had never been confined by one familiar route. To have always been the foreigner enlarged my understanding of the world of opportunities.

I had to travel another 13,762 km and wander the streets of a foreign town by myself to truly understand the "pleasures of freedom," a phrase from an article in *The Economist* that struck me a year before my trip. I have come to appreciate the value of foreignness.

三、文书翻译

一生中，每时每刻都要求你做出各式各样的选择，选择的同时也就意味着放弃。独在异乡为异客的自由也意味着不得不离开自己熟悉的故乡、亲人、朋友；自由的快乐也就意味着不得不抛弃温暖的归属感。恋家的人选择温暖的归属感，却抛弃了外面广阔的世界。而显而易见，身处异乡的人，选择了自由，他得到了他所向往的自由，而孤独的痛苦却永世相随。

——出自《经济学家》杂志

在非洲广袤的大地上，远处夕阳的余晖将我的影子无限地拉长。然而在熙熙攘攘的大都市中，一个个小房间被折成各种奇怪的形态。在城市的钢筋铁骨中，你几乎看不到一丝绿色，这种场景，恰似冬天的非洲大陆，然而，在近处的山上，芦荟（南非科萨语为爱卡莱纳）开出的大朵的红花在金色阳光的照耀下妩媚动人。

一个非洲女人，扛着很大的包裹，慢慢地走过我的身边，那巨大的包裹与包裹底下瘦骨嶙峋的脑袋形成了鲜明的对比。当她走过我的身边时，好奇地瞄了我一眼，紧接着，她像发现了另一个物种一样，上上下下地仔细打量我一番。想必对他们来说，在大街上遇见一个亚洲人是一件很有趣的事情，这真的是很匪夷所思。我至今还对在新西兰皇后镇大学预科学校一个当地学生对我说的话记忆犹新，他说："你是第一个我在现实生活中见到的活生生的亚洲人，你会中国功夫吗？"我当时对那种因双方不了解对方而引发的新奇感忍俊不禁。

我的家人喜欢去不同的地方旅游、生活；我曾经去过 12 个不同的国家，在 15 个不同

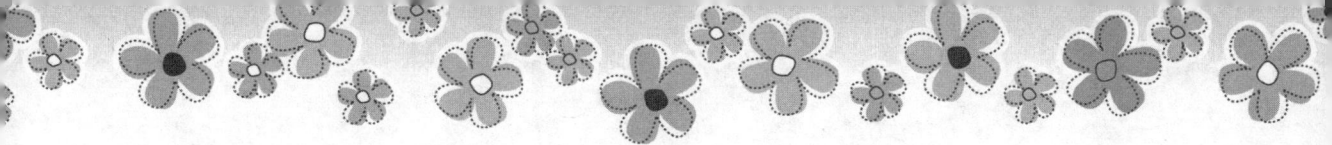

的学校学习过。尽管我不是一直很喜欢那种身处异国他乡的感觉，但这也给我很好的机会让我通过仔细观察了解多种文化。

我在暑假之前，曾申请加入学院组织的，从多伦多派老师，到南非贫困地区帮助我同年龄段的同学们准备全国大学入学考试的项目，而我也非常幸运地入选，得以与其他三名入选者赴南非东开普省支教。因此，我所谓的暑假生活，就是每天早上 6:30 睡眼惺忪地爬起来，披上我单薄的羊毛衫，然后准备今天要教授的微积分问题。

而如今的我，来到了我人生的岔路口上，有很多条路供我选择。在这分岔口上，我不仅沐浴在温暖的余晖中，也淹没在过往行人的目光里。太阳用尽其最后的微弱亮光，将天空渲染成明亮的橘黄色。而在我面前的路至少有五个不同的方向，它们最终指向的风景都是如此的相似，那里都有旧旧的黄墙，明红色的屋顶，那就是我梦想中的大学。于此，我就又面临着一个生活中的巨大挑战，此时此刻，我真的很害怕我做出了错误的选择，我犹豫不决，举足，又放下，不知何去何从。

我的思绪不知不觉地又回到了一个更加温暖的清晨，那是两天前的早晨，我问起一个大学预科学校的同学为什么她没有完成作业。作为那里的一名学生和教师助理的我，很喜欢这种个人对个人的交流，我说道："你数学论文的头开得很好，但你为什么总是完成不了呢？"

她答道："女士，很抱歉，我不得不照顾我的双胞胎女儿，我没有……"

"我和你同岁，你不用叫我……什么？孩子！"我倒吸了一口气。"你还好吗？别人知道这件事吗？"我又问道。

"我还好，在这里，在我这个年龄怀孕是很平常的，"她又指了指另外一个女孩说道："她也有一个孩子，她的男朋友为此休学了，因为得有人照顾他们的孩子。"

我记得在我 15 岁那年，我的家人最终暂时定居在加拿大。在那之前我生活的全部就是在温哥华和北京两地学习。初到加拿大时，我真的是很不适应，我讨厌冬天的多伦多深达一米的大雪，想念我在北京的挚友和故乡的美食，为不知怎样尽快适应新学校和全新的文化而苦恼不堪。而我在南非听到这件事的瞬间让我意识到，和这位必须承受的边上学边照顾孩子的同学相比，我那些所谓的挑战真的是小菜一碟了。

站在人生的岔路上，我意识到当一条路走不通时，不要绝望，因为在这片大地上，总是存在着无数的可能，总是有另外的路可供选择。尽管身处异国他乡，对周围的环境极不熟悉，但我还是大胆地走下了一条通往远处山脉的小径，沿途我经过了低矮的房屋，跳过了高高的栅栏（其中一些都缠着电网），我站到了一座教堂的前面。我曾经有幸参观过伦敦的圣·保罗大教堂和悉尼的圣玛丽大教堂的风采，而眼前的这个教堂的规模和它们相比简直不可同日而语，但是它的陈旧感，它的木门，教堂内古老的雕塑和墙壁上的浮雕，又或许是其与周围的平顶建筑与众不同的尖尖的屋顶，让它看起来也有那么一点雄伟神圣的意味。在阳光的照耀下，小教堂笼罩在温暖的氛围中，这美丽的场景让我心动。

"你怎么知道你要去哪呢？在我看来，这些建筑物简直没有任何区别。"我问一个在大学预科学校遇见的新朋友。

"啊，那很简单嘛！在南非的任何一个城镇中，教堂永远都是位于其中心位置的，而且，在城镇中的任何地方，你都能看到它尖尖的屋顶，因此我们认为是上帝在指引我们的方向。"

我所遇见的南非人，都是虔诚的基督教徒，他们经常在乘坐公共汽车时，在无人指引的情况下，便毫无预兆地开始众人大合唱福音歌。他们发自内心地向上帝祈祷，我从他们身上学到了很多有关于信仰的东西。而百分之九十九的中国人都是无神论者，卡尔·马克思曾说过："要想实现真正的共产主义，人们必须摒弃一切的宗教信仰。"而当我来到多伦多市时，我这张毫无宗教信仰的白纸，突然之间经受着上百万种宗教的图画。我那信仰犹太教的朋友，向我介绍了犹太教宗教仪式中所用到的很错综复杂的烛台——多连灯烛台；我和我一个虔诚信仰基督教的朋友争论是否应该赞同同性恋之间结婚的问题；我也知道了每一个信仰印度耆那教的人都采用相同的姓氏——杰恩。从无宗教信仰的单一环境到向各种宗教信仰开放的跨越，促使我不得不走出我的现有文化信仰，成为一个了解多种文化的"世界人"。而那次的南非之行，无疑也再一次地挑战了我的洞察力和情感接受能力。

太阳慢慢落山了，我站在大街上，想着我那个必须边上学边照顾孩子的朋友，我过往的旅行经历，在新西兰皇后镇的漫步。这个城市对于我来说是如此的陌生，而也正是这一点，让我能够自由地去探索和发现该地的自然景观、风土人情。想一想吧！一条在异国他乡无意间走上的小路，就让我走进了科萨人那丰富绚丽的宗教中心。而正因如此，无论是在这个城市里还是在生活中，我从不会把自己限制在一条熟悉的道路上，正是我自幼的那份"独在异乡为异客"的漂泊，增进了我对这个世界上"一切皆有可能"的理解。

我来到了离家 13762 千米的南非，独自在陌生小镇上毫无目的地漫游，最终得以真正理解了"自由的快乐"。这是文章开头引用的《经济学家》里的话，一直让我不得其解，而经过此次南非之行，终于让我理解了"在异乡为异客"的含义。

第六章

英国顶尖名校
招生规则大公开

通过本部分对话，读者可以了解英国顶尖院校招生官的录取标准。
招生并不"神秘"，重要的是掌握原则。

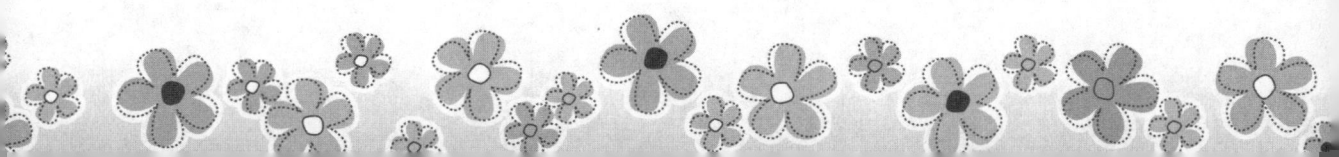

我眼中的优秀中国学生
——对话剑桥大学副校长伊恩·莱斯利先生

问题： 众所周知，剑桥已经走过了 8 个多世纪。人们难以想象一所大学如何在那么多年之后还是可以受到全世界的欢迎。是什么使得剑桥大学历经 800 年的沧桑，直到今天仍然能够这么受欢迎？剑桥大学经久不衰的魅力究竟来源于哪里呢？

莱斯利： 这个问题很难回答。从某种程度上讲，这的确是一个很大的成功。也的确有一些因素促使剑桥获得成功。比如，我们一直以来都招收最优秀的学生，吸纳最出色的教师队伍并为其提供各种资源和机会。最优秀的师资力量、最优秀的学生齐聚剑桥，并且这二者之间不是简单的教授的关系，而应该这么说，剑桥提供了一个环境，让最优秀的思想之间相互碰撞，这二者都是相辅相成的。剑桥经历了很长的时间才达到这一目标，并且我们必须将它坚持下去。创业容易守业难，所以我们必须每走一步都很谨慎，招收最优秀的学生，吸纳最出色的教师队伍是我们必须坚持的原则。

问题： 在中国有一种说法称剑桥需要的是天才，传言称剑桥只招收极少数天赋异禀的学生，事实是怎样的？您能帮我们澄清一下疑惑吗，很多中国的普通家长和学生都怀有这个疑问，比如，我到底是否符合剑桥的要求，我可以申请剑桥吗？

莱斯利： 要知道剑桥的确需要非常优秀的学生。我们鼓励大家申请剑桥大学，但是正如我前面提到的，剑桥只招收最优秀的学生。

问题： 具体是什么样的优秀学生呢？是那些在专业上有着出色表现的学生还是天才学生？优秀的标准会具体体现在哪些方面，只要课业成绩表现优异就可以获得剑桥的青睐吗？还是说不光如此，剑桥青睐的仅仅是极少数的天才少年，智商 190 的那种？

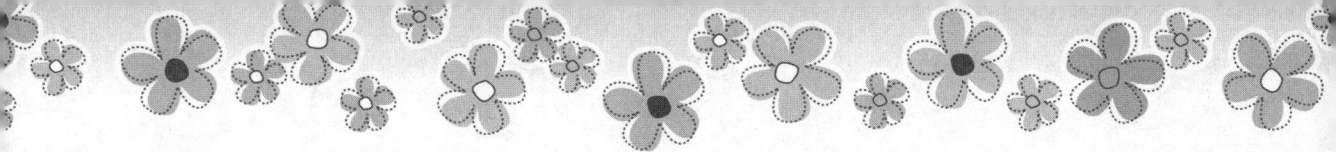

莱斯利：剑桥更需要我们的学生具有专业学习能力，证明你未来的几年有能力在剑桥继续学业。学生自身已具备相当潜力，剑桥扮演一个很好的启发和引导的作用，开启智慧之门。那么，专业的学习能力具体依靠什么来体现呢，我想学生过往的成绩是一个很好的体现，所以，将学生的专业成绩和学习能力二者区分开来是比较困难的。尤其是针对研究生申请者过往的申请，学生在大学期间学习的成绩是对学生学习能力最好的证明之一，我们期待有更多优秀的学生申请剑桥。

问题：现在全球都受到金融危机的影响，有传言说，有的学校不得不将一些留学生拒之门外，或是取消一些奖学金的发放。在剑桥有类似的情况发生吗？剑桥大学会减少对国际学生，特别是中国学生奖学金发放吗？很多中国学生非常关心金融危机对奖学金发放制度的影响，正如您之前所说，中国有很多优秀的学生希望能申请剑桥大学。但是高昂的留学费用或许会使他们望而却步，奖学金或许是他们通往理想殿堂的唯一希望。请校长先生帮我们解答一下。

莱斯利：剑桥的多数基金都是部分性的。我们必须要看看接下来的发展情况再采取相应措施，现在金融危机带来的影响还不好做出全面的估量，不过针对你上面提出的问题，针对留学生设立的奖学金的确是减少了一些。

问题：那么对此剑桥做了哪些努力以应对金融危机？

莱斯利：据我们所知，从另一方面来讲，目前针对留学生设立的奖学金的资金来源都很有保障。

问题：在剑桥所有的留学生中，中国学生的数量是最多的。您可以稍微解释一下吗？因为在牛津，最大的留学生群是来自美国。

莱斯利：是这样，牛津有针对美国学生设立的奖学金计划，所以这一点对美国学生有很大的吸引力。剑桥也有类似的奖学金，相对来说是对学生开放的。

问题：有专门为中国学生设立的奖学金吗？

莱斯利：没有。因为有太多留学生是来自不同国家的，所以很难面面俱到。

问题：什么样的中国学生是剑桥所期待的？

莱斯利：我们不会特别的在意这个学生究竟是来自中国的，还是其他国家的，会做到全球性选拔的公平。

问题: 在剑桥的中国学生学习都很刻苦吗? 作为校长,您对中国学生的学习态度满意吗?

莱斯利: 在剑桥的每位学生学习都很刻苦,不只是中国学生,美国学生、印度学生也一样。要知道,能进入到剑桥这所大学继续学业,他们必须首先是优秀的;进入到剑桥后,每一位学生也都很认真对待他们学业,在剑桥的每一位学生学习都很刻苦。尤其是研究生,因为他们要投入更多的时间和精力在学业上。

问题: 中国是一个人口大国,也有自己的大学入学考试——高考。但是这样的教育体制也存在着一些问题,因为这样的考试体制可能会埋没许多有潜力的学生。剑桥的录取体制和中国的教育体制之间,会有冲突吗? 正如您此前提到,剑桥只招收最优秀的学生,体现优秀的最有利证据就是过往的课业成绩,但是高考的确是有可能埋没部分因一时发挥失常或其他什么原因而错失机会的优秀学生。

莱斯利: 在对本科生的录取方面,我们依照的是英国标准例如最普遍的 A-Level。我们还需要学生拥有非常高的综合素质。这一点我们与中国很不同。

问题: 您认为剑桥大学最吸引中国学生的地方在哪里?

莱斯利: 首先,学生了解剑桥的历史、文化,通过对剑桥的了解,学生们相信,目前剑桥就是世界上进行学习和研究最好的地方。剑桥是一个非常好的地方,这里适合潜心学习和研究。

问题: 现在中国的发展非常迅速,但对于中国目前的教育发展您有哪些意见?

莱斯利: 无论是中国经济方面取得的巨大成就,还是中国大学教育体制的改革都是令人震惊的。可喜的是,中国大学发现优秀人才方面做出的变革和努力也是非常惊人的。至于现在的中国教育体制,我想应该有更多的大学成为研究带头人,同时还应该有能接纳更多优秀学生的教育体制出台。

问题: 剑桥与许多的中国大学都有合作交流,具体有哪方面的合作项目呢?

莱斯利: 在每个方面我们都有合作,都是学术交流合作。

问题: 在北京,剑桥有具体的合作对象吗?

莱斯利: 我们与北大、清华都有合作,学术交流方面的互访等,可能有些特定的研究生专业,在本科专业中并没有体现。不过我们需要的学生应该比一般人更有创造力。

问题： 会有中国教师来剑桥深造吗？

莱斯利： 学校会有一些中国教师是以访问学者的身份来剑桥做一些学术性研究。我们的一些教授在中国也有同事。我们也鼓励交流生等活动。

问题： 不少的中国学生、教师都很想来剑桥接受培训。在剑桥有类似的项目吗？

莱斯利： 目前我们还没有类似针对教师的培训计划。

问题： 前不久我在一位美国学者所写的书中读到，英国已不再是留学生的首选，英国的教学质量下滑严重，也提到了剑桥也不再是排名第一的学校了。这样的言论在国内并非个别现象，很多学生和家长都对英国教学质量有担心。现在许多的中国学生好像更青睐美国作为留学的目的地而非英国。我想，这可能是出于一些奖学金资助方面的考虑，比如美国发放给国际学生的奖学金相对优厚，也可能是对美国开放教学环境的向往——当然我本人不这么认为。

莱斯利： 当然，美国有非常优秀的教育机构，一些美国学校的确有更多针对留学生而设立的资金资助，但并不像人们认为的那么多。要知道，英国有足够多的优秀学校。在基金组织、移民政策或政府政策等方面，美国、英国会各有不同。我们也会继续努力吸纳更多的优秀学生。正如您刚才指出的，中国有着世界上 19% 的人口，如果剑桥有 1.8 万名学生，其中可能就有 3400 多名来自中国。就英国的教育质量来说，这是非常有利的。

问题： 如果中国学生听说美国更有吸引力，在这种情况下，剑桥会采取什么样的措施来争取更多学生的信任和认可？

莱斯利： 我们需要做的就是确保中国学生来到剑桥能受到最好的教育，对于这一点我们也很有信心。我们不像许多美国大学那样尽可能地吸收更多的学生。

问题： 并不是所有的中国学生都对申请奖学金很清楚，您是否能为他们提供一些建议？

莱斯利： 这一点在我们的网站上都有详细的说明。我们还与中国的相关机构共同设立基金。

问题： 有些大学在中国设立了相关的下属机构，比如分校、培训中心之类的，剑桥会吗？

莱斯利： 我们不会。我们认为所有的机构都应该在剑桥里。我们会让剑桥成为理想的学术中心，这样会吸引许多优秀的学生。你必须要了解这所学校，不能一味地扩大学校。

还应该清楚，它是否适合那个外部的环境。对外的交流也十分重要，还需要与有知名度的学校交流我们在过去和现在所取得的各种成绩。需要让社会知道这所学校是对社会有贡献的。

问题： 最后让我们来谈谈剑桥的传统。有言论称剑桥的传统已经跟不上现代的发展步伐了。对于这一问题，您怎么看？

莱斯利： 这种说法我们已经听了好几年了。我们也在迅速地改变，我们所做的都是为了更好地适应现在的社会。

问题： 最后请您对广大的中国学子们说一些您的体会。

莱斯利： 首先，在剑桥的中国学生取得了出色的成绩，我们希望通过剑桥的教育这些学子可以在今后为中国的发展发挥出更好的作用。其次，我们希望大家知道剑桥并不是面对任何学生，我们需要聪颖出色的学生。在剑桥我们也为学生们提供非常多的机会。最后我想提醒申请者们的一点就是，申请牛津或者剑桥在填写申请表格上是有技巧的。在申请牛津、剑桥的表格中最好填写优先选择学院（Preference College）。如果学生把这个问题空着，就表明学生对牛津或者剑桥的各个学院没有倾向性或者任何偏好而选择了公开申请（Open Application），如果填写了某个学院的名字则表明采用的是申请一个学院（Application to a College）的方式，这两种方式都不是明智的选择。因为对这个问题的不同回答将直接决定学生在牛津、剑桥申请之旅上迥然不同的申请程序和录取要求，甚至会直接影响申请的成败。

入读剑桥的标准
——对话剑桥大学招生主任卡德韦尔教授

问题：中国学生可以通过何种途径入读剑桥大学？

卡德韦尔：有两种方式来申请剑桥。第一种是通过 EMERSON 体系，学生先要提前参加一些笔试，然后再参加面试。第二种方式是学生直接向相关学院递交申请，我们会有选择地做一些筛选，这个过程要更有难度。我们每年大概会面试 100 名中国学生。面试是在上海，我们分 4 个小组来完成面试工作。

问题：你们是专程来中国进行面试吗？

卡德韦尔：不一定每年都是。我们面试的学生数量有限，所以我们必须要提前做一些筛选。通过 EMERSON 体系进入剑桥的学生们表现都非常优秀，其中申请工程学专业的学生中就有 60% 成功获得最高分数。

问题：请问这些都是中国学生吗？

卡德韦尔：在已被有条件录取的工程学专业的中国学生中就有 20% 成功。去年在所有申请工程学的学生中，有 61% 的学生成功通过 EMERSON 体系进入剑桥。我们也感到通过这样的途径很容易发现优秀的中国学生。

问题：我们知道，大部分中国学生都倾向于申请剑桥的理科专业。

卡德韦尔：是的。我们的录取率大概是 20%。我们需要学生在相关专业上有优异的表现。当然同时也能够与人进行英语交流。整个录取的过程都是把中国学生的利益放在第一位的。同时，进入剑桥就读的中国学生会远离家乡，学费也是一笔不小的开销，需要面对

很多情况，所以我们必须要为学生负责。

问题： 现如今有不少学生选择美国作为留学的目的地，而非英国。而在中国也有类似的一些传言，包括剑桥在内的英国学校已不再是学生留学的首选了。请问您对这种说法是如何看待的？

卡德韦尔： 我认为，剑桥对于留学生设立的标准和要求向来都非常高。其他一些大学所采取的某些措施我们是不会采取的。比如按照学生的经济实力来衡量学生。美国的许多顶尖名校中没有几所会面试学生。而没有面试这一过程就直接录取学生对剑桥来说是不可能的。全世界有许多声称名校的学校仍没有面试。有些学生会在试卷上有着出色表现，但在面试中，你可能就会发现他并不太适合学习这门专业。我们会非常仔细地选择有着出色专业表现的学生。在这个过程中通常比许多其他学校多花将近 10～20 倍的时间。所以我们学校的质量是绝对有保障的。也正因为这样我们才会一直保持高标准。

问题： 由于现在的金融危机，许多学校在选择学生时不仅会看他们的专业成绩，也会考虑他们是否有一些社会背景，或者是否有能力向学校捐助资金。

卡德韦尔： 的确存在这样的现象。但在英国排名最靠前的 28 所大学中，是根本不会考虑这些的。能进入剑桥，学生必须具备两种条件。一是有专业学习的潜力，选择这样的学生是我的主要工作。二是学生必须通过相应的语言考试（如雅思）。这两个过程都是相互独立的。我从没有问过学生的家庭经济条件或者他们以后是否能挣许多钱。而许多学校采用这种方式来录取一些在专业上不符合要求的学生，然后再在他们身上花一年的时间培训。但是剑桥是绝对不会这么做的。我们的专业要求都非常严格，我们提供的两种入学方式也是独立的。没有一个导师会从经济方面选择学生。

问题： 大家都知道剑桥被称为是高贵的学府。相比于比较有经济实力的学生，那些没有足够经济背景的学生进入剑桥机会并不大。是这样吗？

卡德韦尔： 如果学生没有一点经济实力，那么申请进入剑桥学习肯定是比较困难的。作为一所英国大学，我们招收的主体学生还是英国本土的。我们需要遵照欧洲的相关法律条文。如果要在英国接受教育，就应当接受英国教育的要求和条件。所以中国也应该为中国学生负责，如果有需要，中国应该为这些留学生提供资金资助。我们需要的并不

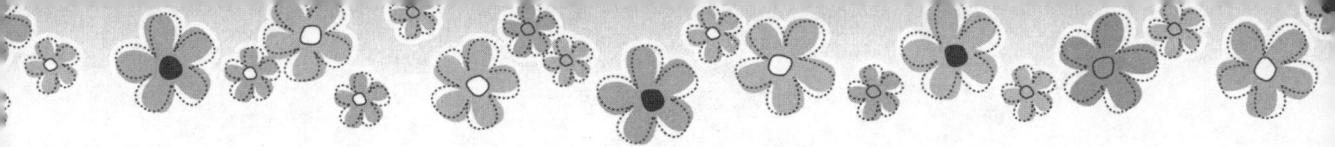

是有钱的学生而是那些既有优秀的专业表现又有经济能力学习专业的学生。在我们所接收的来自全世界国家的申请中，中国作为最重要的发展中国家，也是提供本科生奖学金最少的国家。

问题： 在中国剑桥为贫困大学生设立了一系列奖学金。还有没有其他的奖学金，如何申请呢？

卡德韦尔： 剑桥会通过奖学金资助学生，但并不是完全资助。如果学生一点经济基础都没有，恐怕申请剑桥不是一个合理的选择。

问题： 我了解到一些中国学生来剑桥就读的同时接受了一些私营企业的资助，但是他们毕业后需要到提供资助的企业工作。是这样吗？

卡德韦尔： 这很公平。既然学生事先接受了这些企业的资金资助，那么理应在毕业后到资助的企业工作。但是就我所知，没有一名中国学生有中国政府的全额奖学金资助的。在我所面试的数千名学生中，有新加坡、马来西亚政府提供的资助，但中国并没有。我们清楚地向中国政府、中国企业和中国基金组织传递这个信息——中国学生在剑桥表现非常出色，他们现在所学习的将会对中国大有帮助。

问题： 接下来让我们来谈谈招生流程。许多还是有一定实力的学生，不太清楚剑桥大学的申请流程，可以请您简要和我们谈谈吗？

卡德韦尔： 在我们的网络首页上有着非常清楚的流程说明。首先需要学生在网上进行申请，接着需要填写一些相关问题。当然学生们还需要向 Newcast 系统递交申请。有部分中国学生是向学院直接递交申请，也有学生是向学校递交申请然后学校帮助学生选择学院。也有学生是通过联系导师，从中获得申请方面的建议。学生会提前数月参加英语考试，接着我们会选择出想要面试的学生。我们会通知不用参加面试的学生不需要申请 Newcast 系统，这些学生只需要通过入学考试就可以了。如果学生认为自己非常符合条件，他们可以在 9 月 15 号之前直接向相关学校或学院递交申请。我们大概会选出 250 个这样的学生，然后其中大约 60 名有机会面试。我们需要挑选出这 60 名学生，这对我们来说非常困难。因为我们收到的申请中，大家来自不同省市，这也使得我们很难比较学生的专业表现。我们尽可能多地面试中国学生。面试通常是在 12 月份上旬。如果在剑桥，学生需要参加两

个面试，在中国，学生只有一个面试。

问题： 一些参加了面试的学生说，面试当中的问题并不与其申请的专业相关。面试题有故意刁难的嫌疑？

卡德韦尔： 在剑桥的面试不会。我们会问一些专业问题，针对申请工程学的学生，我们会想知道学生为什么想学习这方面的专业并能说出具体相关的例子。如果是申请物理方面的专业。我们会问他知道哪些现代物理知识，接着会有一些数学、物理方面的问题，或是现场提出一个问题要学生来解决。所以这些都与申请的专业相关。在我们的经济学专业的面试当中就有关于经济学的具体问题。

问题： 请问，参加了面试的学生是不是比没有参加面试的学生更有机会？

卡德韦尔： 没有参加面试的学生是不会收到录取通知的，仅仅凭一些书面材料来决定录取学生是不可能的。之前的工作都是网上进行的。

问题： 在面试之前会有一些对学生的评估吗？比如学生的个人陈述、在校表现以及推荐信？

卡德韦尔： 我们会全面考虑过后再发出录取通知的。我们需要看学生的个人陈述、在校成绩、个人材料以及推荐信。我们还会考虑到学生在面试中的表现。

问题： 那么我们具体来谈谈。首先，什么样的个人陈述是你们所期待的？

卡德韦尔： 我并不要求有完美的英语，面试同样如此。在面试中，经常有学生不记得专业术语，那么我就会让他们说出相对的中文。如果学生的英语水平不太理想，我会做下记录如"专业表现优秀但需要 7 分的雅思成绩"，这样学生就会有更多的时间来提高英语水平。学生只需能用英语进行交流就可以了。

问题： 这和其他学校的情况很不一样。其他学校对学生的语言要求都十分高。

卡德韦尔： 我认为学生会学习得很快。我们更看重的还是学生在相关专业上的潜能。

问题： 学生该有的雅思基本分数是多少？

卡德韦尔： 7.0 分。在有些部分比如写作，只有 6.5 分的学生仍有机会。去年有一名中

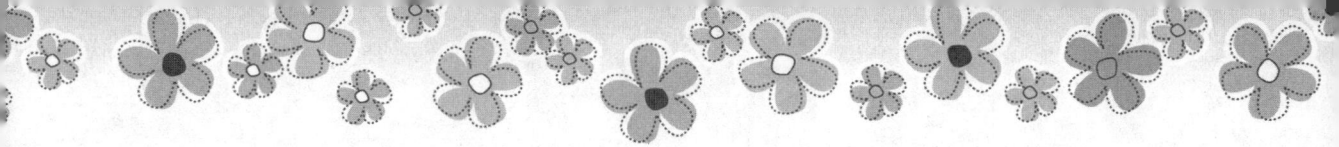

国学生应该是我所面试过的学生中最优秀的。在面试进行到一半时我居然忘记我面对的是一名 16 岁的申请工程学专业的中国学生，我以为面试的是一位剑桥的讲师。这名学生的专业知识惊人的深。在面试的 60 名学生中他应该是位列前五位的。至于个人陈述，我们需要的是他对于所申请的专业的热情，学生为什么会想念这个专业以及其他一些有亮点的地方。当然没有一个学生是因为个人陈述的原因而被拒绝。如果学生的在校记录不令人信服，与其个人陈述的内容不相符，又没有很好的推荐信，像这样的学生是不会有机会参加面试的。我们不会因为经济因素将学生拒之门外。面试的问题会与专业相关，我们需要了解学生的专业水平。整个招生流程绝对公平。

问题：剑桥特别青睐什么样的推荐信呢？

卡德韦尔：在信中，老师应该说明该学生在专业上有着怎样的表现。好的推荐信会对学生帮助很大。

问题：什么样的老师适合写推荐信？

卡德韦尔：老师应该很了解这个学生。如果学生不擅言表，那么一封好的推荐信就会帮助很大。在信中我们可能会了解这个学生的特点。如果通过推荐信，我们知道这个学生擅长言辞，那么在对他面试之前我们会决定让面试更有难度，让学生更多的听而不是说。

问题：但有许多中国学生想让一些著名学者来写推荐信，然而这些学者却并不了解这个学生。

卡德韦尔：这一点值得注意。写推荐信的老师不需要多有名气。正如学生想上剑桥就是因为剑桥的名气，这个原因是错误的。正确的原因应该是剑桥能提供对的专业，能够帮助学生取得最优异的学术成绩。

问题：有说法认为剑桥只把注意力放在中国前十的大学中，是这样的吗？

卡德韦尔：不会。我们不在意学生出自多么优秀的学校。我们需要的是最优秀的学生。甚至有些出色的学生之前毕业的学校并不优秀。

问题：据说有些英国学校会歧视一些不太有名气的中国学校。

卡德韦尔：绝对不存在这种情况。如果现在面试两名学生，一名来自清华，但却回答

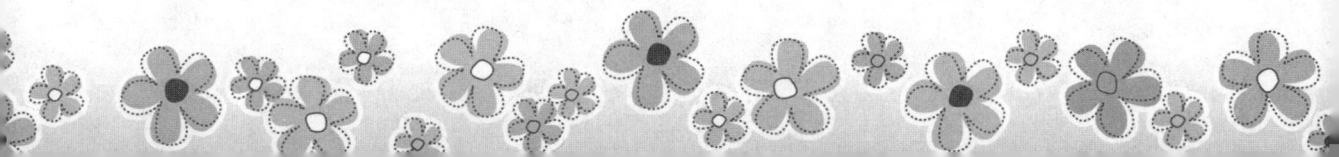

不了最基本的问题，对于专业没有一点热情，专业知识有限。另一名学生来自一个名气很小的学校，但却非常出色，对专业有很好的洞察力，毫不费力就能回答问题，并对专业有着非常高的热情。这种情况下，你会选择谁？

剑桥希望能吸纳到那些在专业上有出色表现的学生。在看过学生的申请材料后，我们需要知道学生是否能学好这门专业。如果学生处于中上等水平我们也会录取。我们关心的并不是学生来自什么国家而是这个学生是否能学好专业。

牛津大学的选材标准

——对话牛津大学国际办公室主任希瑟先生和副主任保罗先生

问题： 牛津大学可谓是天才的天堂，全球优秀的学生都对这里非常向往。牛津只会青睐最优秀的学生，而非普通的学生。有传闻说牛津大学只看重中国排名前十的学校，例如北大、清华、复旦等。也就是说，其他普通学校的学生能上牛津继续深造的机会很小，是这样吗？

希瑟： 不论学生来自何种水平的学校，我们都会鼓励大家申请牛津，不管是来自中国还是其他国家，甚至是英国。我们也了解到许多人都认为牛津是一个充满天才的偏僻小镇。其实并非如此。不仅有像保罗和我这样的人也可以进入牛津，这里还接纳许许多多的人才。不论他们有着怎样的个性，至少有一个共同点，那就是，这些人都很聪明，都愿意勤奋学习。而且我们也会有学术能力方面的考查。在本科生水平上您也提到了一些相关数据和情况，在申请者当中大约有 25% 的学生能进入牛津，而这个概率还是相当高的，因为许多人已经事先淘汰了自己。我们鼓励大家申请，请不要事先就淘汰自己，让牛津做决定。您刚刚提到的第二点是关于牛津将目标锁定在中国排名前十名校，在研究生方面，的确如此。我们对那些来自知名学校的学生很感兴趣也很高兴能接受这些学生。但同时我们也收到了许多其他的申请，而这些学生来自知名度不太高的学校。我们也会做一系列有关全中国大学生的研究，这其中有太多类型的学校了。所以无论是来自名校的申请还是其他院校的申请，我们都很高兴能收到。再次提醒大家千万不要事先就淘汰自己，还有老师们，请不要让学生们丧失信心。

保罗： 人们还会认为牛津学生不需要选择一门学科。其实他们非常有必要找到一门自己真正喜欢的学科并且能够保持住这份热情。仅仅坐在教室里，照着老师说的做是不够的，学生还应该做好准备自己继续专业的学习，比如去公共图书馆借些书做查阅，或是去当地其他大学学习更多知识。所以，进入牛津的学生不仅仅是因为他们是天才，更重要的是他

们有热情自己做额外的、更多的学习。这样就会激发更多头脑灵活性和好奇心。

问题： 在许多人眼中，把出国留学看成是一项奢侈的求学，特别是能入读牛津大学，家庭条件一般的学生可能连想都不敢想，我这里有一份数据表明只有十分之一的牛津学生来自比较贫困的地区，那么，有什么样的奖学金是针对这些学生设立的？

希瑟： 在本科生这块，我们有几种奖学金是针对非常优秀的中国学生而设立的，而其他的一些奖学金则是专门针对牛津本地的学生的。而相对于其他非欧洲国家的学生，中国学生获得奖学金的概率最大。我们还有一项中国牛津奖学金基金会。中国学生也非常有能力争取其他一些普通奖学金，这些针对的是在英国学习的留学生，比如致奋领奖学金，或是专门针对理科的奖学金。像这样的选择还是比较多的。不过可惜的是，我们没有设立相应针对本科生的奖学金。

问题： 牛津是否与一些中国学校有交流生之类的合作项目？

希瑟： 我们和中国很多高校一直保持联系，比如北京大学，一直有很好的合作关系。牛津和北大都是世界研究中心的主要成员之一，还在其他高校如哈佛、耶鲁等。我们在一起联办夏令营等课程，我们跟中国大学最大的合作项目是医学。

问题： 申请牛津大学，这是很多中国大学生的梦想，最近我知道牛津大学在入学申请表中做了一些改动，是真的吗？

保罗： 是的，其实我们一直都会做一些调整以便改进我们的申请和录取系统。通常来说，对于中国学生，英国是比较容易申请的。通过 Newcast 系统，学生们可以申请到不少优秀的英国名校。通常一次最多可以申请五所这样的学校，牛津就在其中。所以在这方面大家不需有太多担心。我们有比较完善的申请程序，而申请的学生们又有良好的素质和潜力。我们还设置了附加的一系列流程以便选出非常符合条件的学生。在录取检测中涵盖了主要考查的两方面。大约有 75% 的学生会接受检测，检测的内容根据所申请学科而定，如法律方面的专业或是数学专业。申请的下一步就是面试那些成功通过检测的学生。所以我们会面试大量的学生并且期待有更多的学生接受面试。由于牛津大学高度注重学术性研究，希望吸纳学习多媒体技术的学生，所以我们从今年开始会以视频的方式来面试学生。在牛津，我们有书面的材料，而在中国各地区的学生将会通过视频来接受我们的面试。在此过程中我们会进行大约半小时的书面考查，然后我们和学生都会坐下来交流，以便了解他们对所申请专业的所思所想。所以，牛津大学的申请流程和许多其他的英国大学相似。

问题： 据一些在牛津大学就读的中国学生回忆，申请流程分别需要个人陈述、老师的

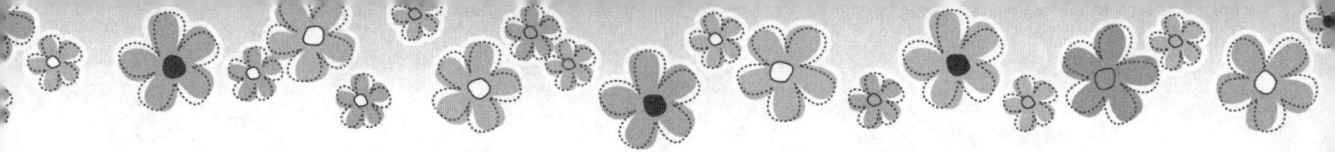

推荐信以及最后的面试环节。那么，牛津又是以什么样的标准来衡量个人在校表现的？

保罗：一般有四个步骤，首先我们会看学生在校（高中）取得的学科成绩。现在由于中国香港学校素质考查体制的多元化，香港学生可能会在不同的评分机制下学习。所以有些成绩是已经取得的，而有些成绩只是全部成绩中的一部分，其他的得等到所有课程结束才会有，因为许多申请的学生还未大学毕业。在我们学校网址的首页上清楚标明我们所需要的成绩可以是部分成绩，只要申请学生已经相对比较符合条件就可以了。如果申请具有特定成绩要求的专业比如工程学，那么我们就会需要学生在那些方面的评估。如果申请比较特殊的专业，我们就会特别注重学生所掌握相关技能的情况。最后两部分：个人陈述和老师的推荐信，在申请过程中非常重要。因为我们还需要考查学生的其他方面比如书面测试或是写作能力或者面试。我们需要通过这几步骤全面考查学生，同时从学术的角度来选择最优秀的学生。

问题：在本科生录取方面，牛津是否也通过 A-Level、IB 以及雅思成绩来考查一些中国的高中生？

保罗：雅思成绩非常重要，因为牛津大学导师制的特性决定了学生无论是口语还是书面都应该拥有较好的英语水平。不仅在要求大量书面英语的英语专业或是历史专业，即使是在理科专业中，拥有良好的英语水平都十分重要。只有高分数的学生被录取的情况是凤毛麟角，通常学生不仅在专业学习上需要有优秀表现，还应在其他方面也拥有良好的能力。

问题：在这三种考试中，哪种是你们青睐的类型？

保罗：在这三种考试中没有哪一种是我们的首选，因为学生可能来自不同的地区，考试的类型也并不统一。

希瑟：雅思是针对英语水平的考试，其他两种考试针对的是学生对所学专业知识掌握的情况。

问题：在中国，最普遍的考试是雅思。也有一些学生，在很小的时候就来英国学习随后参加 A-Level，您认为这种做法适合吗？

保罗：我们同样需要通过雅思或托福成绩看学生的英语语言水平，这很重要。甚至对于本科生，我们的语言水平要求也非常高。我们对于学生的期待很可能超过其他英国大学。这一点需要区分开来。而 A-Level 则针对的是专业学习的学术内容。我们也有一些拥有此类能力的学生是来自中国，还有一些学生之前在英国的学校已经学习了两三年。这样的情况下我们会以不同的标准考查学生。在录取方面，不论学生之前的学习背景如何，都不会

有任何差别。可能之前已经在英国学习的学生会有一些机会或者优势，但这并不是我们看重的。

问题： 现在我们来具体谈谈研究生录取方面的 GPA 要求。

希瑟： 和录取本科生一样，我们在录取研究生时也会进行全面的考查。我们会看 GPA，我们需要知道学生的英语水平是否达到要求。各个学位有不同的水平要求。如果是申请博士学位，我们会看学生学术观点和所做的学术研究，之后会考查学生的学术观点是否与可能即将指导他的导师的观点相符。当然我们也会参考学生前任教授的推荐信。有些系会面试，有面对面的，也有远程的或者通过视频的。我们会考虑到所有这些方面的考查。

保罗： 这里需要注意的是，牛津的教学是一对一的导师制，所以我们在录取方面也是一样的，光看学术或者论文是不够的。在本科学习中，专业表现会决定学生是否适合学习课程。好分数固然很重要，但我们在录取过程中也发现我们需要了解学生的情况以及学生的优势和长处。不过即使有的学生 GPA 不高，可还是有其他值得我们注意的优势。至于分数，只是我们考查学生的一部分。

希瑟： 我们选择学生看的是他们之前的在校记录如何。

保罗： 学生也希望是通过自己的能力进入牛津的。我们接纳学生是因为他们优秀。

问题： 是不是许多申请的专业都要求有面试环节？令人遗憾的是，很多学生都是在面试环节被拒绝的。

希瑟： 申请本科都需要面试，申请研究生则视申请专业而定。

问题： 在申请研究生面试过程中，学生需要具备怎样的特质才可以顺利通过面试呢？

希瑟： 在面试中，学生可以先做一个大概陈述，因为通过这种方式我们可以知道你想申请什么样的专业。陈述应该侧重于最想学习的专业。所以经常会有一些例如"你最大的兴趣是什么"的问题出现。

问题： 能不能具体说一下面试的流程？有传言说，牛津大学的面试题有些"故意刁难"的嫌疑？

保罗： 对于本科生，面试的侧重点同样是学生最想学习的专业。面试并非智力问答，更像谈话。上课也同样如此，老师和学生之间更多的是谈话式的交流。我们要做的就是知道学生掌握了多少，之后再决定我们是否可以教授给他们新的知识，同时看看学生对于新掌握的信息的思考并将所学的新知识融入答案当中。例如在关于物理方面的面试中，我们可能会给你一个相关的测试，如果你成功了，我们会让测试变得更难一点，如果你仍然能给出漂亮的回答，那我们就继续增加难度，以此来看看到底能走多远。当学生被难住了，我们便会开始交流新话题。如果学生面试过后觉得每一题都答对了，那么他们很可能已经失败了。如果学生过后觉得面试虽然很难但很有趣，那么他们已经从面试中学到了一些新知识，而且也很可能有了一次成功的面试。因为面试是和导师制相结合的，对于中国学生，他们应该在谈话中掌握主动性，并且自由地说出对所学专业的想法。我们并不希望他们吹嘘自己如何优秀，我们想听到的是他们说"我喜欢……"。在申请本科的面试中，我们试图不让学生看到问题之间明显的关联性，但在问题和具体的专业学科之间的确存在着一些关联。面试中的问题总是和所学专业相关的，我们需要通过这些问题了解学生的想法，是否只关心他们所知道的事物。如果我们谈及新鲜话题，他们的反应又会如何。因为在大学里总是不断出现新的研究领域、新观点。我们想知道他们在面对新挑战时会做出怎样的反应。面试是录取的最后一个流程，在此之前我们会全面地考虑申请者的情况。我们也了解到有许多未能成功申请到牛津的学生之后也进入了其他国家同样出色的大学并且取得了优异的成绩，之后他们会回到牛津学习研究生或博士课程。也许那才是他们进入牛津的最佳时机。

关于大学排名

——对话伦敦政治经济学院招生主任彼得·威廉姆斯先生

问题： 虽然不能完全依靠排名作为衡量一个院校优劣的终极指标，但是不可否认的是，排名确实具有它一定的参考价值，特别是各种机构都不约而同地把伦敦政治经济学院（LSE）排进英国前五的院校，请您给我们介绍一下政治经济学院的魅力在哪，好吗？

威廉姆斯： 要了解伦敦政治经济学院，最重要的是了解我们在社会科学方面的世界领先地位，LSE 建于 1895 年，我们的创立者当时建校的目的就是为了分担英国乃至全世界的社会问题。我们学校有非常高的研究能力，非常国际化。大部分学生来自英国以外的国家。我认为这也是 LSE 的全球化特征。对于教学我们是非常强调的。

问题： 正如您所说，LSE 是众多学生梦寐以求的高校。但在中国国内，不少机构和所谓权威人士都曾宣称，英国不再是世界一流国家，很多像剑桥、牛津和 LSE 等名校不再是中国学生留学的首选，很多学生倾向于留学美国而不是英国。请问，这只是中国范围的一种看法，还是如今在国际上也都这么看待这一问题了，您如何解释这样的现象？

威廉姆斯： 当然，学生找到好的学校以及好的课程是至关重要的，无论是在美国还是在别的国家。我认为学生要有一个明确的目标，知道自己的动机和知道自己想得到什么。英国的学习机制很有效果，因为它让学生可以在三年内完成本科课程和一年内完成硕士课程。例如，一个学生想来 LSE 学习经济，如果他们来学习四年的话，他们就可以本硕连读，四年就可以毕业。但如果在美国的话，四年的学习只是完成本科阶段的学习。所以，如果学生已经有了非常明确的目标去学习一种专业和技能的话，英国的学习制度是非常适合和有效率的。另外我想说的是学生应该仔细了解他申请的每一所学校。LSE 是一所国际性的

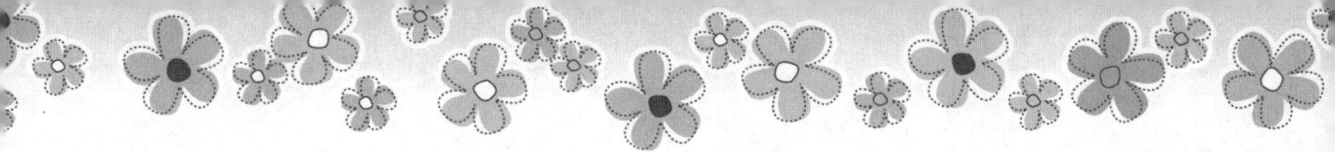

大学，这里的学生和毕业生在商业、法律、政府等领域扮演着重要的角色。我们的研究成果受到全世界其他研究所和学校的参照和拜读。所以我强烈地鼓励中国的同学们，如果想在世界级的大学深造可以重点考虑 LSE。

问题： 感谢您。正如您说，LSE 录取的学生是需要具备全球化的思维模式。我知道，LSE 在美国有着很高的声誉。

威廉姆斯： 我认为这是因为 LSE 跟美国很多高校有非常紧密的联系。我们有数以千计的美国留学生以及很多曾经在 LSE 接受过培训和毕业的学生活跃在世界的主要领域，扮演着重要的角色，这也归功于我们的研究成果。事实上美国和中国留学生是 LSE 的两个最大的留学群体。

问题： 你刚才提到了英国的留学期限比美国要短，很多人都怀疑过，这么短的学制课程是如何保证教学质量的？（英国本科三年，硕士一年。）

威廉姆斯： 我想是因为我们录取的学生在来伦敦之前已经具备非常高的专业技能。这也是为什么我们有严格的录取标准。比如，学生想要学习会计，那么他们必须具备非常高的数学技能。这样我们一开始就可以从一个非常高的层面上培养他们。我们强调非常特别的学生。

问题： 现在我们来谈一下详细的申请流程，首先您认为什么时候申请最合适？

威廉姆斯： 当然，申请越早越好。学生应该在他们正式入读学校前一年申请。最理想的是在前一年 10 月份申请，这是我个人的建议。学生想申请像 LSE 这样的高校，千万不要等到 1 月才申请。

问题： 这个答案有点儿出乎意料，因为我读到很多国内指导留学的书籍上标明是申请截止日期前申请效果都一样。而您直截了当地告诉我说越早越好。

威廉姆斯： 是的，这是依据我个人审核申请材料的经验。我得告诉您，如果学生递交申请在 1 月 15 日后我们还是会审阅的，但录取的可能性不大。

问题： 你刚才说学生必须要提早在学校录取前一年申请，但如果学生大学最后不能毕

业或者还没有毕业，你会给他们发放录取通知吗？

威廉姆斯：大多数学生都是在毕业的那一年申请，我们发放的是"有条件录取"。但我要声明的是 LSE 不会接受一切的学业证明，我们只接受国际上被承认的证书。一般来讲，A-Level 是一般英国学生和一些国家都会参加的考试，还有 IB。而对于美国的学生可以参加 AP 考试。对于中国的高中生，LSE 不太可能直接接受学生只用高考成绩申请，他们还应该有 IB、AP 或者是 A-Level 成绩。如果学生有高考成绩并且准备参加这些考试或者已经通过这些考试，LSE 会发放"有条件录取"。在申请期过后的 3 月和 4 月我们会详细看他们的申请，如果他们在专业上非常强，我们非常欢迎他们来这里学习。如果能取得 38 分以上的 IB 成绩或是在 A-Level 考试中取得 3 个 A，LSE 会录取这些学生并且会留位置给他们。当然这些学生一定要完成他们的学业并且满足我们的要求。

问题：我想中国学生很难去参加 IB 和 A-Level 的考试，一般情况下会靠雅思和高考成绩去申请，LSE 会不会接受这些成绩？

威廉姆斯：学生可以去考雅思和托福等考试，当然雅思更加普遍，学生至少需要考到 7 分的成绩，四项（听、说、读、写）的分数也不能低于 7 分。我说的是本科阶段的学习。

问题：要让学生取得四项不低于 7 的分数可能很难，特别是对于一个非英语母语的国家。有没有通融的可能？

威廉姆斯：要入读 LSE 还有一个途径就是，学生在完成自己的学业之后读一个大学衔接课程，可以在英国任何一个学校读。LSE 不提供大学衔接课程或预科。但我们会录取在别的英国高校读完预科课程的学生。很多英国高校都开办一年制的基础课程，主要是为学生提供入学大学课程的衔接阶段，帮助他们提高专业英语，引导他们如何学习。我觉得对于基础不太好的同学们可以入读英国的基础阶段课程再入读 LSE，这样会更有效。

这些入读英国其他高校预科课程的学生，我们在审批时会看他们是否已经完成了，并且他们需要参加我们的入学考试，我们从中选择非常优秀的学生。

问题："优秀"未免太笼统了，请您给出你对"非常优秀"具体是怎样定义的呢？

威廉姆斯：是在全国范围内排在前 5% 的学生。我们欢迎这些学生入读。当我们审批

时会考查他们的高中成绩，我们还会看他们老师所写的推荐信和学生自己所写关于入读学校的动机和兴趣爱好。LSE 期望学生能努力学习并且能独立完成任务。学生不只要有成绩，更要对学科有强烈的爱好。

问题：中国学生一直都非常刻苦，但刻苦的学生不一定有机会入读世界名校，我想知道 LSE 会不会看重中国大学的排名？

威廉姆斯：对于研究生的课程，是需要的。在 LSE 就读的学生几乎都是毕业于排名前 30 的中国院校。我们在选择学校的时候会参考中国社科院的最新高校排名。我知道在网上也有相关的信息。在那里有 100 所高校的排名，我们会重点看前 30 的高校。

当然这些排名会改变，但这个不是我们选择的绝对依据。其他高校的学生也同样可以申请。如果学生是中国排名前三十的高校的学生，我们期待他们的学术成绩平均在 3.5 以上（80 分以上），我们也会仔细看其他高校学生的成绩单，成绩平均要在 3.6 以上，也就是 85 分左右。

我们是非常严谨的，有非常清楚的入学要求，并且这些要求在网上早有公布，对于不同国家的要求也是不同的。但我们对每个学生都是公正的，只要他们有能力做他们的研究。

问题：对于中国学生的录取有没有一定的份额？

威廉姆斯：对于任何国家我们都没有明确的录取份额，对于美国、欧洲是有大比例的份额考虑，但不会是明确的数字，当中国学生和美国学生同时申请一个专业的时候，我们不会凭感觉选择。我们只会选择最优秀的学生。最关键的不是国籍，而是学生所选择的学校和适合的专业。

问题：接下来我们谈一下研究生的申请。当学生申请 LSE 等英国名校的时候，一般来讲要具备几项要素，第一是个人陈述，第二是老师的推荐信，第三是语言成绩，也就是 IB、IELTS、A-Level 等成绩，第四是学术成绩。请您说一下如何写好个人陈述及一份好的个人陈述的选拔标准。

威廉姆斯：问得好，这是非常好的问题。最重要的是学生知道为什么要写个人陈述。一般人觉得个人陈述很神秘。很多学生不知道如何写。其实个人陈述并不需要什么技巧，而是直截了当地表述。我们想知道学生为什么想在 LSE 学习特定的专业，如果学生想学

习管理，学生应该陈述为什么要学习管理并且想花三年时间或一年时间学习这个课程。他们应该花 75% 的篇幅直接回答为什么要学习这个专业，他们应该说一下这个兴趣是什么时候发现的，如何发展起来，讲讲在学校如何运用这些兴趣去学习的，他们在课外读过什么书和学过什么相关的技能，我希望学生能给出明确的答案。如果想申请历史专业，只是在陈述里面泛泛地说我爱历史，那没有什么意义。我们希望学生在申请这个专业的时候，他们已经做过这方面的相关研究，有所见地。其他 25% 的内容，他们应该谈谈运动、音乐和其他社会活动。这些都是我们有兴趣去阅读的内容，我们基本上是以学术能力为主要审核内容，这个与美国的院校不太一样，美国的院校非常重视学生在音乐和美术等方面的技能，但 LSE 不同。我们希望学生有很高的研究能力。

问题： 刚才您谈到兴趣也是主要的内容之一，您是中国区招生的主管，您觉得什么样的兴趣是你最喜欢的？这些兴趣是学生个人生活的还是以申请专业相关的兴趣？

威廉姆斯： 一般学生写的个人陈述都是关于自己的经历、个人的抱负等，其实这些都不应该写在个人陈述上。例如学生申请"会计与金融"这个专业，他们在个人陈述里只需要回答一个问题，即"为什么你选择在 LSE 读这个专业"。学生可以提一点自己的职业规划，但我们不需要知道他们未来 4 年内要做什么和他的家庭情况。

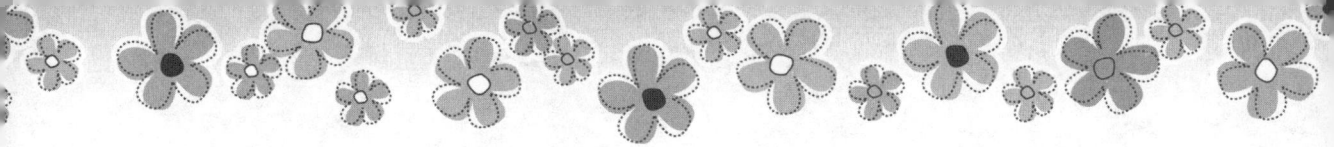

个人文书如何写作

——对话帝国理工学院招生主任安吉拉·林女士

问题：我们都知道，英国教育界有一种"三足鼎立"的说法，认为文科最好的院校是牛津，理科最好的是剑桥，工科则非帝国理工学院（IC）莫属了。您能否简单介绍一下帝国理工学院的情况？

林：我们的优势专业分别有医学、工程学和研究生课程。我们非常欢迎广大学生们成为我们其中的一员。我们以前隶属于伦敦大学，但现在是独立院校，我们正在努力成为英国的顶尖名校。目前有大约 1.3 万名学生就读于帝国理工，其中约有 8000 名本科生和 5000 名研究生。我们的师资队伍非常国际化、多元化，目前大约有 2% 的老师来自英国以外的国家。

问题：IC 对中国的招生是以重点大学为主还是任何一所大学都享受同样的条件？你们对于学生的专业成绩有着怎样的要求？

林：对于申请研究生学位的中国学生，我们希望学生是来自 211 或 985 工程的院校。我们的录取要求十分严格，我们需要学生在专业上一直都有出色的表现。我们希望学生相关的分数以及证书能在个人陈述中有所体现，你知道，这确实可以从一定程度保证学生做科研的能力，他是否具备了相当的学习能力、研究能力以便继续到 IC 来攻读更高一层的学业，这很重要。如果有切实的数据做说明，比如分数，或是曾经获得的科研成果、各种形式的奖励，我是说，一些数据化的证明，最好这些在个人陈述中能有所体现，要知道这能帮助我们尽快地认识该学生，使他（她）从激烈的竞争中脱颖而出。当然还需要有推荐信，这是必不可少的因素之一。整个申请程序可能会比较复杂，因为我

们要对学生进行全面考查而非仅仅关注于某一方面。

问题： 接下来，我们谈谈具体的申请流程，我们开始逐项地分析。首先，IC 对 GPA 有着什么样的要求？

林： 要知道，不同的专业会有不同的要求。在 IC，据我所知，GPA 的最低要求是 3.5，最高需要达到 4.0。我们期待有 10%～20% 的优秀学生是来自中国排名前十或前二十的名校。

问题： 那么，IC 对于学生的英语水平有什么样的要求？

林： 与其他的英国大学相比，我们对于学生英语水平的要求其实并不太高。如果是雅思成绩，通常我们需要学生达到平均分 6.5 分。当然每个院系对英语水平的要求也会不同。学生的每项雅思成绩最低不得少于 5.0 分。针对研究生课程的学习，通常我们需要学生达到平均分 7.0 分。通过 GPA 分数和雅思分数设定的门槛高低就不难发现，我们更注重学生的科研能力、学术能力，而非英语能力。英语能力只要能满足基本的交流，不影响日常的上课、科研学术等活动就可以了，不需要浪费太多的时间专注在英语语言考试上，英语足够用就可以了。我们建议学员把更多的精力用来提高自己专业的研究能力，比如 GPA，我们喜欢 GPA 的分数尽可能高。

问题： 那么，哪些专业要求 6.5 分的雅思成绩？能具体介绍一下吗？

林： 像医学、工程学和理科这样的专业，雅思只需要达到 6.5 分就可以了。我们并不愿意仅仅因为他们的英语水平不太理想就将学生拒之门外。我们最看重的还是学生的在校专业成绩。诸如其他专业的具体要求，大家可以查阅我们的网站，都有详细的介绍。此外，我们还设置了一些英语培训课程来帮助学生提高语言水平，并且这些课程都是免费的。

问题： 太好了！那么这些都是对所有的申请者开放吗？

林： 只是对已经注册过的学生开放。我们希望对这些学生继续提供在英语水平方面的帮助，以使学生达到其专业的要求。IC 是一所国际化的大学，有来自不同国家的学生到这里来学习，这其中包括中国的学生。即便是通过了雅思考试，也并不意味着就能完全适应纯英文的教学，所以特别开设了免费的英语培训课程，用来帮助同学们提高英语

水平，以达到其专业所需的要求。我建议同学们积极地利用类似的学校资源，提高自己的英语水平。

问题：可以向我们介绍一下教授这些语言培训课程的师资吗？

林：我们专门配备了优秀的师资来教授这些课程，最大限度地提高学生的语言水平，不仅是英语水平也包括专业水平。你知道传统的英语老师仅仅善于英语的教学，但是在我们为学生准备的语言培训课程中，可以由专业的老师针对你所学的专业制定相应专业的英语教学，有的放矢地提高英语成绩，并灵活运用到日常的专业学习中。

问题：那么有多少学生参加过这些培训课程之后成功达到了你们的语言水平要求？

林：说到这个问题，目前，我非常骄傲地告诉你，绝大多数参加过这些培训课程的学生都成功达到了我们的语言水平要求。

问题：也就是说学生可以选择先参加雅思考试，即便是成绩暂时没有达到要求，也可以随后参加 IC 的提前语言培训来通过要求。那么，对于成功写好个人陈述，您有什么样的建议？

林：好的。我们希望在个人陈述中有 70% 的部分是与申请的专业有关的，举个例子来说，学生应该说明为什么想选择并怎样学习这门专业。在这门专业里，什么最吸引他们，还有什么领域是他们想更多去学习的。过往曾在专业中取得的成绩，我提到过，最好有数据佐证。我们需要看见学生对于专业的热情。我们有许多优秀的学者、教授在钻研非常具体细致的领域，他们也希望有更多有潜质的年轻学生加入到这个队伍中来。所以，学生需要让我们印象深刻，并且成功说服我们接纳。

问题：多数的中国学生都比较内敛一点，在如何成功展现自我、推荐自我这方面，您对他们有什么样的建议？

林：我很乐意与大家分享一下我的个人感触。我刚来英国的时候，英语能力也不是特别好，仅仅能应付日常的交流。和现在能自如表达自己的想法还有一定的差距。在这方面，我最大的心得就是，来到英国，最重要的品质就是主动。在西方国家学习，你应该知道自己最大的亮点是什么，并主动地发挥自己的长处。确保让别人来关注你、肯定你。

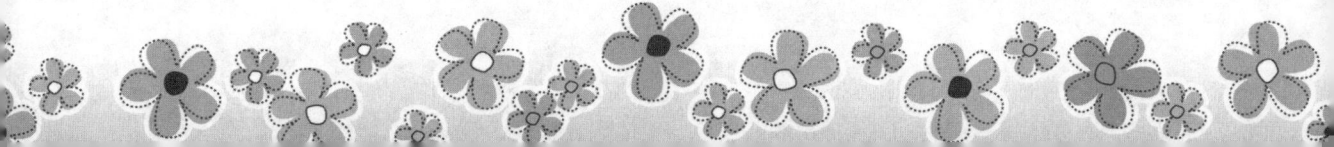

所以我建议学生们在写自我陈述时，应该通过一些具体的事例讲述自己如何一步步准备，通过具体的事例，可以让我们更了解你。一定要向我们证明自己有实力来学习这门专业。大家还应该在个人陈述中展现自己显而易见的优势，除了专业成绩，还应展现自己的领导能力、与人的交际能力等综合能力。仅仅说自己的兴趣，说自己想要来这里读书，说自己喜爱这门专业……仅仅这样，是不够的。

还应该通过个人陈述体现自己的优点、亮点。比如，你曾经是校足球的队长，那么你应该说明，你是如何扮演好队长这一角色，以此来体现自己的主动性、创造性。还有你是如何带领球队达成目标的。把这些具体的事例清晰地在个人陈述中展现出来。我们需要的学生，不仅要在专业学习上表现优秀，还应该体现自己潜在的领导才能。

问题： 关于推荐信，您对中国学生有什么样的建议？

林： 我建议大家找非常了解自己的老师来写推荐信。至于是不是非常著名的教授，这并不重要。只要老师了解这个学生的专业学习情况，能对这个学生做出相对客观的评价就可以了。

此外，如果申请者有几年的工作经历，这会对他们更有利，因为这些申请者不仅有着良好的专业表现，还很清楚自己到底想要什么，知道自己为什么在工作了几年之后仍想回归学校"充电"。所以，我们需要学生不仅有着优异的专业成绩，还应该有能力对学校、对社会做出实际贡献。如果申请者有工作经历，那么还应该找到他们的经理来写推荐信。所以应该准备两封推荐信。对于没有工作经历的申请者，只需两封来自学校的推荐信。

问题： 现在让我们来谈谈奖学金。许多的中国学生可能承担不了他们的学费，这样的学生应该如何申请奖学金呢？

林： 现在英镑贬值、人民币升值，这对于中国学生来说是有利的。但是很遗憾，我们并没有针对本科生或是学期一年的研究生专业设置太多的奖学金。但还是建议大家可以在英国学习的时间久一点。因为在英国，念博士后课程的学生通常会得到丰厚的资金赞助，当然只有非常优秀的学生才会有这样的待遇。

问题： 到英国后，常听当地朋友说起，中国留学生身上有一股浮躁之气，您是如何理

解这句话的，您认同这些人的说法吗？

林：这个问题，在中国学生的身上并不明显。IC 是一个国际性的大学，各国的优秀学生都云集到 IC 求学。相对地，学习压力很大，即使通过了 IC 严苛的入学审查，也并不表示在整个学习过程中不会被淘汰。所以，学习压力还是相当大的。有些同学甚至从入校开始就到处打听毕业时怎样找工作，状态的确是显得有些浮躁。进入优秀的学校，学生和家庭都付出了很大代价，学习的目的应该是为了成为世界一流的人才，而不仅仅是混个饭碗。成为优秀的人才，则需要很审慎地思考和脚踏实地地不懈努力。

需要注意的是课程的选择，IC 每年会更换一些课程，所以如果碰上课程不能选择的话，就表明该课程今年没有开设。但是四五月份的时候 IC 会增加一部分课程的开设。

伦敦大学学院录取要求
——对话伦敦大学学院招生主任朱丽叶女士

问题： 请您先简单介绍一下伦敦大学学院的情况。

朱丽叶： 伦敦大学学院（UCL）是一所多元化的学院。我们开设有丰富的课程，不仅包括所有传统课程，也包括社科人文类专业，如美术专业和考古专业等。同时我们拥有庞大的教学机构。目前我们有大约 2.3 万名来自 140 多国家的在读学生，所以这里的环境非常多元化。

问题： 目前 UCL 有多少中国学生？

朱丽叶： 约有 1000 名中国学生在伦敦大学学院学习。

问题： UCL 对学生的录取份额是怎样安排的？

朱丽叶： 我们没有任何这方面的具体数额的规定，也就是您所说的份额。所有被录取的学生都是符合条件的，在校表现优秀。

问题： 那么 UCL 对申请者又有哪些要求？

朱丽叶： 无论是针对本科生还是研究生，我们对申请的要求都比较严格。尤其是学生的在校表现方面，我们会非常重视，比如学生过往在学校的成绩就是比较有利的证明之一。此外，申请者还应该拥有较好的英语水平。

问题： 那么我们来具体谈谈这些要求吧，首先，UCL 对于学生的雅思成绩有什么样的要求？

朱丽叶： 雅思成绩至少应该在 6.5 分，不同专业对雅思成绩的要求会各有不同，有

些需要 7 分，还有少数的专业要求雅思分数达到 7.5 分，有些专业对学生的英语水平有比较高的要求，比如法律专业就要求大量的论文写作，那么自然会要求比较高的雅思分数。这要依据不同专业的要求，一般来说，理工科的专业对雅思成绩的要求会相对放低。

问题： 您刚才提到了 UCL 要求学生有非常好的在校表现，那么对于申请研究生的学生，需要拥有怎样的在校表现？

朱丽叶： 通常他们需要有与所申请专业相关的学士学位证书。我们不仅会看他们的总体成绩，同时也会看与申请专业相关的专业课成绩，这些都是比较具体的考查点。在中国的大学，大一学生的学科通常比较分散，但是接下来的三年里，学科就会越来越有侧重点。通常我们需要学生的平均分在 80 分以上或者 GPA 不能低于 3.25。

问题： 请问 UCL 是否会特别青睐来自中国前十名的大学的学生？

朱丽叶： 在 UCL 就读的大部分中国学生都是来自中国排名前十的大学。所以我们会看学生之前就读于哪所大学以及在校期间取得的成绩。伦敦大学学院有着活跃的学术氛围，我们也希望能多吸收有着出色表现的学生，所以，不会仅仅局限于排名在前十名的大学。

问题： UCL 是否为中国学生设立了相关的奖学金？

朱丽叶： 是的。而且奖学金通常都是网上申请的，有些是对所有学生开放，有些是针对特定国家的学生。奖学金的标准很大程度上是基于学生的专业成绩的，所以有着高分数的学生更有机会争取到奖学金，而学生的经济背景并不在考虑之列。不过在美国的大学中，学生的经济背景是会被考虑到的。我们只关注学生是否有着最为出色的专业表现。也就是说，不论学生的家庭条件优劣，只要学生的自身成绩优异，都有机会申请到 UCL 提供的奖学金。

问题： UCL 是否与中国相关院校联合设立了一些奖学金？

朱丽叶： 我们与中国奖学金委员会有联系，但是我们并没有与中国相关院校联合设立具体的奖学金。不过我们的奖学金都是公平化、透明化的。

问题： 现在让我们来谈谈如何准备一份令人满意的个人陈述。

朱丽叶： 通常我们需要通过个人陈述了解这个学生为什么想要选择这个专业，他们想

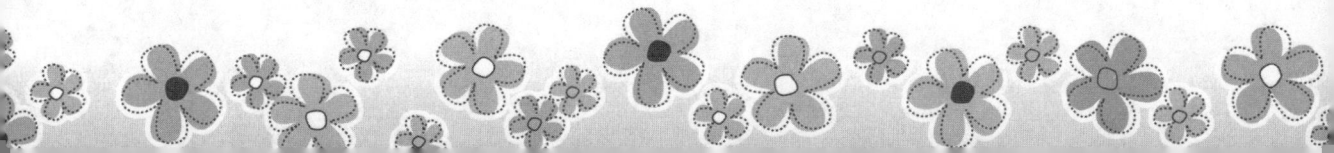

从中学到什么以及如何学有所用。至于个人兴趣爱好、业余活动、个人发展规划等这些倒不是我们主要关注的。在这一点上，本科生和研究生又略有不同。对于本科生，个人陈述将会由 AMERSON 机构决定，学生需要说明所申请的专业，为什么会申请这个专业，学生的一些课外经历是否能证明他们可以学习这个专业以及如何学习这个专业。至于学生的兴趣爱好其实并不太重要。对于研究生，学生需要说明已经按照我们的要求学习了相关课程，这一点很重要。因为不像本科生，研究生的申请是直接向相关院系递交的。学生需要阐明自己为何选择这样的课程或学科，还应说明自己已经做了哪些相关研究。在有些情况下，我们会给予学生一些申请方式方面的指导。有时我们需要学生在个人陈述中说明他们在伦敦大学学院具体想学习什么专业。我们期待的是学生的学术动力和热情。

问题： 有些学生在校期间获得了许多奖项或荣誉，但这些与他们申请的专业并无多大联系。像这种情况，会对成功申请有所帮助吗？

朱丽叶： 这种情况并不会对成功申请有任何帮助。

问题： 还有学生在申请时会换专业，你怎么看？

朱丽叶： 我们并不鼓励学生换专业。因为在申请研究生时，我们需要知道这个学生此前是否做了与申请的专业相关的研究活动。申请的专业应与此前所学专业相一致或有所关联。当然我们也有转换专业的学科，比如计算机学就会接受此前不是计算机专业但有意愿学习的学生。但这种现象在我们的研究生课程中属于特例。如果学生的一些课外经历、活动与申请的专业相关，那么即使他们本科学的不是这个专业同样有机会。

问题： 接下来我们来谈谈推荐信。有些学生会找非常有名望的教授或学校里的重要人物为他们写推荐信。这样做会获得更多优势吗？

朱丽叶： 并非如此。学生需要找了解他们的老师来写推荐信，这样老师可以对学生做出客观公平的评价。如果学生找非常有名望的教授或学校里的重要人物为他们写推荐信，而这些推荐者却不了解学生，其实这并不能帮助我们来评估这个学生是否有资格学习申请的专业。所以，为学生写推荐信的老师，不仅需要了解学生还应该了解学生申请的专业。

问题： 如果有学生十分想进入 UCL 学习，却因满足不了学校的录取要求而未能如愿。针对这种情况，UCL 有相关的程序吗？

朱丽叶：很遗憾，我们并没有任何相关的程序来帮助这些学生提高以符合我们的要求。但值得注意的是，对于此前一直在中国接受教育的中国学生，是不太适合直接进入 UCL 学习的。不过我们有基础的英语课程，这是由 UCL 的语言中心开设的。一部分基础的英语课程是针对理科和工程学，另一部分是针对文科和社科人文。我们大概有一半的学生在专业学习之前选了基础课程。

问题：UCL 的语言中心在学校里面吗？

朱丽叶：是的，语言中心就在 UCL 里面，它不是独立存在的。

问题：针对研究生有相关的语言培训课程吗？

朱丽叶：我们有一门英语语言课程，这样学生就可以用英语做学术研究，我们也有一些预备的语言培训课程适合本科生。

问题：上过这些课程的学生一定能符合语言要求从而进行专业学习吗？

朱丽叶：学生需要参加相关的语言考试。

问题：这些语言课程是学生必须上的吗？

朱丽叶：不一定。如果学生已经满足了我们的语言要求，就不需要再选择语言培训课程了。学生可以重考，以符合应有的语言水平。学生需要在报考 UCL 前就通过相关的英语水平考试。非英国的学生可能要再提前一点参加相关的英语水平考试，因为他们还需要时间办理签证等事宜。所以学生必须要在申请之前就符合所有的要求。当然即使学生这次失败了，他们还有下一次争取的机会。

问题：在来自中国的申请者面前，最大的障碍是什么？

朱丽叶：我认为只需在文化上适当做一些调整，需要适应英国的环境。毕竟两个国家的生活是非常不同的。对于刚刚到达英国的中国学生来说，会有一些文化休克，学习运用一门新的语言也会非常累人，但一切的努力都是值得的。只需主动接触新环境、新同学、多多练习英语，千万不要害羞，英语水平怎样并不重要，重要的是树立自信心，主动与来自各国、有着各种文化背景的人们交流。

伦敦大学国王学院奖学金制度

——对话伦敦大学国王学院国际办公室主管杰弗里先生

问题：请您先简单介绍一下伦敦大学国王学院的情况。

杰弗里：目前我们学校有大概 2.1 万名学生。国王学院有着悠久的历史，并与中国有着各种长时间的交流往来。国王学院创建于 1829 年，是第四座古老的英国大学，也是伦敦大学的一个研究型学院。在国王学院有 9 类专业，例如社会政治、物理工程学、法律、生物医药学、医学、心理学等。

问题：我想知道，现在有多少中国学生在国王学院学习？

杰弗里：目前我们学院有 300 名本科生和研究生来自中国。

问题：在有些学生申请英国学校的过程中，由于奖学金的问题而未能进入学校，在国王学院有这种情况吗？

杰弗里：我们自去年以来就收到了许多中国学生的申请，尤其在本科生方面，申请量增长了 15%，而研究生方面更是达到了 50%。所以我们很高兴国王学院能受到许多中国学子的青睐，也很欢迎大家申请我们学校。

问题：许多学校都很注重申请学生的专业成绩，国王学院也是这样的吗？

杰弗里：我们的确需要有着出色专业成绩的学生。目前我们有来自 140 个国家的学生，我们去了 32 个国家挖掘优秀的学生。国王学院是非常多元化的，这里有全世界顶尖的科学理念，同时学生也可以从优秀的教授身上学到许多。

问题：在众多的来自中国的申请学生中，国王学院会将注意力只放在中国前十名的大学吗？

杰弗里：我们不仅希望吸收一些名校的学生，也欢迎其他学校非常优秀的学生。不过我们会有针对性地锁定一些中国优秀的大学。

问题：在中国除了大学还有其他的教育机构，从这些教育机构走出来的学生们是否也有同样的机会进入国王学院？比如私立大学或是其他的自考的大学？

杰弗里：不论是已有一定声誉的大学，还是刚刚成立的大学都是我们关注的对象，我们同样欢迎。

问题：在 GPA 上，国王学院有什么样的要求？

杰弗里：通常 GPA 需要 3.2，这是中等水平，不同专业对 GPA 的要求会各有不同。

问题：国王学院的优势专业是什么？

杰弗里：我们有 6 个医学研究中心，也是全英拥有医学研究中心最多的学校。所以我们在医学、口腔医学方面都很有优势，不过，近些年来我们的艺术专业、人类学专业和社会政治学发展得也越来越好。我们还有一些特色专业例如战争研究等。这些国王学院的优势专业也深受广大中国学生的青睐。

问题：具体说来，申请医学专业有什么样的要求？

杰弗里：我们需要 GPA 成绩 3.2～5.0 和雅思成绩。不同专业对雅思成绩的要求会有所不同。

问题：关于雅思成绩，请详细说说要求？

杰弗里：视申请的学院而定，有些专业要求雅思成绩 6.5 分，像社会政治学、医学这样的专业就需要 7 分的雅思成绩。

问题：也就是说，雅思成绩至少需要达到 6.5 分，最高是 7 分。

杰弗里：大部分的专业都需要 7 分的雅思成绩。我们还有英语语言培训中心或者预科

学习，以便许多非英语国家的学生提高英语水平。如果学生的雅思分数只有 6.5 分，那么他们就可以选择提前学习英语培训课程。课程分别长达 5 周、8 周或 12 周的时间。通过这样的课程，学生们可以达到雅思 7 分的水平。

问题：这些培训课程是属于专业学习的吗？

杰弗里：这些课程是单独设置的。不过有些情况下也是属于专业学习的一部分。不少来这里学习为期一年预科中国学生都喜欢选择这样的培训课程。

问题：接下来我们谈谈具体的申请环节，首先是个人陈述的准备。

杰弗里：个人陈述需要好好准备。许多学生会递交长达好几页的个人陈述。其实个人陈述只需要一页，大约 4000 字的长度。首先，学生应该阐述对专业的理解和观点，对国王学院也应该有一定了解。还应清楚自己的教育背景。仅仅有个人简历是不够的，我们还需要知道学生是如何申请的，因为这在一定程度上也反映了学生是否有学习专业的资格。除此之外，我们还需要实际记录，看看学生是否具有符合条件的资格或工作经验。这对于学生们而言是比较有难度的，因为大家需要在仅仅一页纸上展现一切。个人陈述需要言简意赅。但学生常常会忽略一些细节，比如错误的语法或拼写。

问题：在个人陈述、推荐信、在校表现和专业要求中，哪一项是最重要的？在选拔的时候，你会特别看重哪一项？

杰弗里：这四部分都非常重要。首先，学生必须要达到一定的专业要求。有些中国学生申请的专业要求雅思 7 分，但他们只有 6.5 分，即使如此他们还是有机会被有条件录取的。因为我们为这些学生设立了提前英语培训课程。个人陈述和推荐信同样很重要。

问题：如果当学生符合了以上四项要求，他们是否可以申请奖学金？

杰弗里：对于申请国王学院的中国学生，我们设立了一系列的奖学金。从 2009 年开始，我们设立了 20 种博士后奖学金，代替了以前的国际研究奖，所以对于中国学生来说这应该是一次很好的机会。另外我们还有其他的奖学金，尤其是针对研究生而设立的。我们的国王国际奖学金，所有的留学生都有机会争取。对于研究生的研究奖我们提供 1 万英镑。对于优秀生有 30 种 5000 英镑的奖学金。此外，我们在网上也提供了很好的资源，对于本科生有贷款基金。我们还会分发一些小册子以便大家更好地了解相关的申请信息、奖学金信息、各类基金信息等。

问题： 国王学院的就业中心会从哪些方面帮助学生就业？

杰弗里： 我们的就业中心非常活跃，就业中心不仅对毕业生有指导意义，对其他的学生们今后的个人规划也很有帮助。我们不仅会提供实际的就业机会，也会邀请一些企业界人士参与到我们的工作当中，以便更好地指导学生们制作简历、面试、就业。

中国学生奖学金增加

——对话华威大学招生主任西蒙先生

问题： 金融危机是否会对华威大学录取留学生有所影响？

西蒙： 我们发现金融危机并没有使申请华威的人数减少。由于我们并没有对全球扩大招生，因此学生间的竞争也就更加激烈了。金融危机似乎反而进一步促使中国留学生赴英国读书。存在这样的可能：金融危机直接影响了许多人的就业，所以许多人转而选择读书深造。

问题： 不过有些学校就受到金融危机的影响，不得不暂时取消一些原先为留学生设立的奖学金，但是在华威，情况却恰恰相反。

西蒙： 由于考虑到华威的资金情况，我们在未来两年的开销上会比较保守。我们已与中国奖学金委员会签订了为期三年的协议，根据协议，华威每年将会有 6 项针对中国博士后设立的全额奖学金。所以三年里总共会有 18 项对中国学生开放的全额奖学金。

如果全额奖学金数额是 1.5 万英镑，那么将会有 18 位学生获得各有 1.5 万英镑的奖学金。这是我们与中国奖学金委员会做出的特别安排。中国教育部和中国奖学金委员将会选出最优秀的学生，如果这些学生符合申请华威博士后的所有要求，那么他们的学费将会获得全免。

问题： 您带来的这个奖学金的讯息，对中国申请华威的博士生来说的确是个很好的消息。那么请问，华威会针对研究生设立奖学金吗？

西蒙： 华威大部分的奖学金都是针对学术研究而设立的，这是因为华威非常重视学术研究。博士后的奖学金周期更长，这样享受奖学金的学生的经济负担就会减少。与此同时，在华威，我们拥有一支由教学人员和博士、研究生等专业人才组成的专家队伍。我们也从这支专家型人才队伍中获益良多。同时，我们也有一些奖学金是为本科生和研究生而设立的。

问题： 如果想要进入华威，学生们需到达到怎样的语言水平？

西蒙： 语言水平方面，我们主要是依据雅思成绩，通常需要达到 7 分。有些专业要求雅思成绩 6.5 分。6.5 分至 8 分都在我们的要求范围之内。像理科、工程学科这样对英语水平要求不是特别高的专业，6.5 分就可以了。但是大部分专业的要求都在 6.5 分以上。从 7 分、7.5 分到 8 分不等。在经济方面的专业，至少需要 7 分的雅思成绩。

此外，中国学生要清楚，仅仅通过雅思考试达到语言标准是不够的。也许有的学生雅思考试的分数是 7 分，但这不一定代表这个学生就能说一口流利英文。太多的中国学生花很多时间在雅思考试上面，却不是练习说英语。这两者有很大的不同。所有非英语国家的学生们需要记住，通常入学都会有一些要求，而华威的要求还会更高一点。

问题： 华威承认不同类型的语言水平考试，您可以简单谈谈吗？

西蒙： 是的，我们认可的语言水平考试不仅有雅思、托福、剑桥考试，甚至还有一些相对小型的考试。在全世界内，华威还有应用语言学和英语教学专业方面带头的学术研究中心。我们也有自己的考试，这和其他类型的考试例如雅思很不一样，这种考试没有口语部分。考查的重点是写作能力、理解能力以及语法。

问题： 在中国，华威的语言考试有相关的考点吗？

西蒙： 在中国我们有三处，分别在北京（针对中国北部）、上海（针对中国中部和西部）以及香港（针对香港地区和中国南部）。

【背景资料】

英国众多名牌大学预科如华威、约克、拉夫堡、布里斯托、诺丁汉、谢菲尔德、埃克塞特、利物浦等大学每年 6 月份基本招满，学生一定要记得提前申请。没有英语语言成绩的学生，可参加英国 30 多所大学认可、可替代雅思考试的华威语言考试（WELT）。

WELT（Warwick English Language Test）考试内容及时间安排如下：

1. 语法和用法（包括 100 个选择题，A 部分 50 题，B 部分 50 题），时间为 1 小时；

2. 写作（2～3 篇作文，每篇字数要求在 200～400 字），时间为 45 分钟；

3. 阅读，时间为 1 小时。

问题：华威对于申请者的在校表现有什么样的要求？

西蒙：由于我们需要的是优秀的学生，因此，学生在校的平均分数至少在 85 分，GPA 至少应达到 3.5 或 3.6。有些专业甚至要求 GPA 达到 3.7 或 3.75，尤其是在金融专业方面。每年会有约 65%～70%（即 2500～3000 名）的学生进入我们学校。

【背景资料】华威大学入学要求

预科入学要求：重点高中毕业，平均成绩 85 分以上，雅思成绩 5.5 分以上。

本科入学要求：

1. 理工科专业要求雅思成绩 6.0 分以上，文科专业要求雅思成绩 6.5 分以上，社会科学专业、商学院要求雅思成绩 7.0 分以上；

2. 完成中国大一课程或大学预科课程。

硕士入学要求：

1. 一般要求雅思成绩 7.0 分以上；

2. 部分理科专业要求雅思成绩 6.5 分以上，但学业成绩非常优秀亦可考虑降低分数录取；

3. 若学生的雅思成绩只有 6 分，学生必须修读为期 5 个星期的学期前英语课程（WMG）；

4. 重点大学本科毕业；

5. MBA 专业要求雅思成绩 7.5 分以上、大学本科毕业、至少 3 年工作经验，而且必须参加 GMAT 考试。

问题：入学新生中有多少中国学生？

西蒙：大概每 65 名学生中就有 15 名学生来自中国。中国学生应该知道，既然中国是第一人口大国，那么在众多的申请者当中，可能就会有更大比例的中国学生。许多在英国念本科的学生并不是来自英国，因为多数英国学生承担不起上学费用。

问题：华威会将注意力只放在中国排名前十的大学吗？

西蒙： 不是这样。除了前十名的中国大学，我们也关注其他院校。

问题： 申请的学生通常会找中介来完成申请或是自己独立完成。您认为哪种做法更好？

西蒙： 华威录取的学生中，有少数是在中介机构办理的申请；此外，我们有属于自己的办事处可以帮助学生进行申请。在资金上，华威也并不支持中介，不过我们会与部分中介合作。建议大家主动联系我们当地的办事处，能够尽可能独立完成一些研究。此外，通过各地的英国文化教育处，大家可查询到相关材料。还应该考虑申请学校的排名，有时仅仅关注前十的学校并不够，因为这所名校也许并没有你想学习的专业课程。大家还可以多与已经在英国学习的同学联系，我们有一个非常活跃的中国协会。

问题： 中国学生如何才能申请到奖学金？

西蒙： 有意愿做顶级研究的学生通常有机会争取到奖学金。我们最大的难题在于如何选择最有资格获得奖学金的学生。因为 GPA 的评定标准不同，中国学生的情况比较复杂。正因为这些因素我们才考虑由中国政府通过这个奖学金委员会做出决定。在本科生方面，奖学金就要少很多。

问题： 在华威就读的学生需要上预科课程吗？

西蒙： 如果学生参加的不是 A-Level、IB 或其他任何一种欧洲国家的考试机制，那么通常情况下学生必须要上基础课程。华威就有高质量的基础教育课程（HEFP）。

问题： 华威认可学生之前的大学成绩吗？

西蒙： 以往都不认可。不过近来我们和剑桥、布里斯托大学都有过这方面的合作。通过 EMERSON 计划，现在有一项专门的程序，这是为有能力从高中直接升入剑桥、布里斯托或华威的中国学生制定的。EMERSON 计划需要学生接受专业测试和面试。EMERSON 计划目前只是用于英国顶尖的大学。对于既拥有符合要求的语言水平又有专业表现的特定高中生，我们和剑桥、布里斯托大学都接受对于本科学生的申请。

问题： 我们现在进入具体的申请环节，首先，关于如何写好个人陈述，您有什么建议？

西蒙：既没有完全正确的个人陈述也没有完美的个人陈述。对于本科学位的申请需要注意几点。申请英国的本科学位与申请美国的完全不同，不用花几页的篇幅来介绍你自己，而是要尽可能直奔主题，突出自己的亮点。大约 20 行就能完成一份申请本科学位的个人陈述，如果学生已经在英国参加了基础教育课程的学习，那么这会对个人陈述的完成有很大帮助。我们需要知道你对于申请专业的兴趣所在，你可以为华威带来什么。我们很清楚今后要想有份理想的职业，专业知识和专业以外的知识都同样重要。

问题：华威青睐什么样的推荐信？

西蒙：我们希望写推荐信的学者或老师能有流利的英文表达。对于书面的推荐信，上面要有学生的学校地址、校徽或是联系方式。对于网上的推荐信，我们会用邮件与学生进行联系。另外我们还会对学生递交的申请材料进行核对。这样的方式更加公平。

问题：请您帮我们分类别讲解一下华威大学的入学条件。

西蒙：大学预科——在香港中学会考（HKCEE）中不少于 18 分并完成中六课程。中国内地重点高中毕业，平均成绩 85 分以上，雅思不低于 6.5 分。

本科——完成本科一年级课程或大学预科课程，一般需要 GCE/HKALE A-Level 成绩达到 AAA-AAB 或同等分数，并取得雅思 6.5 分或托福 600 分，其中社会科学学院要求雅思取得 7.0 分或托福 620 分。

硕士——重点大学相关专业毕业，雅思 7.0 分或托福 620 分；商学院则要求雅思 7.5 分以上，其中市场营销要求 8.0 分。

MBA——大学本科毕业，至少 3 年工作经验，必须提供 GMAT 考试成绩，雅思需 7.0 分以上，申请硕士以上课程需工作经验辅助。

问题：请谈谈华威大学毕业生在就业方面的情况。

西蒙：多年来，华威大学一直保持高就业率及奖学金，这也可以说是华威大学的最大特色之一。华威大学与商业及制造业企业有密切联系，使学生不论在课余实践以及毕业之后寻找工作，都可获得更多推荐机会。其研究生直接就业率高达 98% 以上。硕士毕业后，学生还可申请一年英国工作签证。2006年以来，绝大多数预科学生可获得华威大学颁发的国际学生奖学金。

　　此外，在签证方面，在学生入学前，我们的签证专家将会对学生签证条件提前评估，我们拥有自己成熟的留学签证团队以协助学生申请签证。通过华威预科近一年的学习，毕业学生持有结业证书以及华威校方推荐信和合理的留学计划，将签证风险降到最低，以往的预科学生签证通过率为100%。

金融危机对学校招生的影响

——对话布里斯托大学招生主任安吉拉·米林女士

问题：米林女士，您是招生办公室的主任，主管全校本科和研究生的录取工作。所以能否入读英国名校布里斯托大学，什么样的学生能获得布里斯托的青睐，您应该是最有发言权的。

米林：布里斯托大学的校训是——学习，发现，创新。"学习"是关于学生在学校学习的经历，有能力接受先进的教学理念。"发现"是探索未知世界的精神，是希望学生永远保持对学习的热情。"创新"是第三个方面，希望学生能把所学的一切转化成社会问题的解决办法。其实布里斯托是世界大学排名非常靠前的学校之一，在英国一直是排名前十位，是一所非常优秀的大学。所以，基本上布里斯托大学一直都对中国学生有特殊的吸引力。其实布里斯托大学一直特别关注中国的学生，并且对中国学生给予了更多的关注。

问题：请您从教育特色、专业优势、地理环境谈谈贵校。

米林：英国布里斯托大学是历史非常悠久的英国传统优秀大学。它在各个方面的专业应该说都有自己的特色，比较突出的专业有工程、化学、戏剧、国际关系等。此外，财经、商科等专业都是排名比较靠前的，基本上属于前十名和前五名的水平。大学在各个方面都吸引了非常优秀的中国学生学习。

关于布里斯托这座城市，它正好在英格兰西部，相当于英格兰西南的中心。这座城市非常安静、美丽的环境，又是经济上非常发达的都市，所以在这里无论是购物、生活、学习都非常便利。而且，布里斯托是英国传统的城市，相对来讲，英国本国人口比例较高，可能更符合人们心目中英国的感觉。

问题：现在大概有多少中国学生在布里斯托大学学习？

米林：大概有 600 名中国学生。现在中国学生并不是特别多，这也是因为大学一直以来都保持了非常严格的学术标准。布里斯托大学非常重视国际化学习氛围，所以它要保持来自于各个国家学生人数能够达到平衡。所以中国学生占的比例一直都是相对比较小的，在 10% 以下。

问题：好的，我们进入下一个环节，就是申请入学的详细要求，本科生跟研究生的入学条件是什么？此外，我们都知道，要进入英国的学校一般都需要个人陈述、推荐信、语言能力、领导能力、学术能力证明，请您介绍一下。

米林：布里斯托入学标准一直都是比较高的，每个国家会有不同的学术水平，具体标准各不相同。比如说对国内学生的录取标准，我知道布里斯托的工程学专业，参加英国高中课程并获得全 A 成绩的学生当中，会有四分之三的学生在申请我们大学之后没有被录取，可以说要求是非常严格的。对中国学生来说，英语的水平要足够的优秀，要跟得上大学的课程才可以。布里斯托大学今年也专门开设了英语的准备课程。如果你的学术能力非常强，但是英语成绩稍稍差一些，你可以有机会在入学之前参加一个英语的培训。我们录取的学生基本上是最优秀的学生，通常我们会让中国学生参加预科课程再读我们的本科课程。

问题：都是说要"最优秀"的学生，那么如何把"最优秀"量化呢？如何帮助学生达到"最优秀"？

米林：我们有自己的一个基础课程，这个课程是由学校提供，其优势是所有内容都由我们设计，并且这个课程和以后大学学位课程有着最好的衔接，这个课程是特别给入读布里斯托的学生准备的。

问题：是不是高中的毕业生一定要参加基础课程才可以入读大学？

米林：高中毕业生可以在布里斯托读基础课程，也可以在别的大学读。通常我们不会直接录取高中毕业的学生，但也有例外的情况。

问题：除了刚才您提到的国际预科课程，中国学生在申请时会选择 A-level、IB 和雅思成绩，你们会接受吗？

米林：当然。

问题：那么你们最倾向于接受哪种成绩？

米林：我们没有任何的倾向。我们会根据学生的意愿去审核。

问题：可能很多同学对于国际预科课程不太了解，但有学生直接来到英国考 A-Level，他们觉得这样对于入学有优先权。您怎么看？

米林：没有什么优先权，A-Level 是大家最熟悉的资格考试，大多数英国学生会参加这个考试。对于来英国学习 A-Level 或参加考试的同学，可以先熟悉英国的不同教育体制和学习方法。但我们不会觉得通过 A-Level 考试的学生就一定比通过其他资格考试的学生强。

问题：好的，我们谈一下研究生的层次？

米林：如果学生想申请研究生层次的学习，我们通常希望学生提供好的并且是诚实的学位。

问题：你所说的"诚实"是什么意思？在中国有多种学位获得渠道，一是正规的大学生，二是自考生，三是专科生和成人教育，这些学历都是国家承认的，你们都会接受吗？

米林：我们不会在乎他们是通过哪种途径获得学位，追求的是高水平的学术成就。

问题：那么我想知道你们在选择学生时对于学业成绩的要求是多少？

米林：通常是需要 80 分以上的学术成绩。

问题：最好的推荐信您觉得是怎样的？

米林：我们所要的是老师提供一些学生的背景，想从老师那里知道这学生是怎样的学生，他是否对他的工作和研究非常投入，是不是非常有创新能力，认知和掌握能力怎样，强项在哪里等。

问题： 那么个人陈述应该怎样写？中国学生在写作方面比较欠缺，特别是非母语的写作。在这方面您有什么建议？

米林： 个人陈述就是让学生讲述自己的情况。让我们知道他的性格、个人爱好兴趣等。我们期待学生跟我们谈他们所选择的专业、为什么选择、兴趣在哪里，还有在入读这门课程过程中所做过的一切准备工作。如果学生要申请医学课程，我们期望他谈谈对于现在医学的看法。

问题： 如果学生在个人陈述中提到自己曾经取得过的奖项，会不会对申请有帮助？

米林： 曾经获得的奖项不会太有用处，最重要的是你能吸引学校注意你的地方。不要光说你获得什么奖项，要说清楚为什么这个奖项重要，是不是因为你在这个学术领域非常优秀。

申请人是否必须读预科

——对话约克大学国际办公室主任詹妮弗女士和高级招生官加雷思先生

问题： 首先请简单介绍一下约克大学。

詹妮弗： 约克大学建立于 1963 年，初建校时有学生 200 名，至今已有学生 1.1 万名。而相关院系和研究中心也达到了 30 多所。约克大学自建校以来就注重于院系建设、高水准的教学以及研究体系。约克大学一直以来就因其高质量的教学闻名。在 2017 年的调查评估报告中，约克大学的出色表现也再一次证明了其学术研究能力是处于世界顶尖地位的。其综合排名全英第 17 位，其中有 11 个学院排名全英前二十。

问题： 在约克大学，校园生活是怎样的？

詹妮弗： 学校的主体部分位于赫斯林顿（Heslington），这是一座占地 200 英亩的公园，以其著名的湖泊和猎鸟闻名。这里的学院和学术建筑差不多都建在同一高度，彼此距离很近。由于靠近历史名城约克，约克大学也非常受人欢迎，并有着优越的居住环境。

问题： 约克大学对于中国学生的录取数量有特定要求吗？

加雷思： 没有。现在我们的学生来自 120 个国家。中国学生还不是其中最大的学生群。

问题： 目前在约克有多少中国学生？

加雷思： 大约 500 名。

问题： 请您具体介绍一下申请流程。

加雷思： 所有申请约克大学一年专业课程的学生必须要通过 UCAS 考试。具体专业科目在 UCAS 的网站上有详细介绍。对于那些不是本校学生的申请者，可以登录 UCAS 网站了解相关事宜。申请医学院的学生请注意一些录取的特定安排。在申请前，学生应该通过网站了解有关约克大学以及即将申请的专业的信息。申请可以通过邮寄的方式或在网上进行。

问题： 请简单介绍一下入读约克大学的流程。

加雷思： 申请本科生课程的中国学生必须要参加一年的预科学习。预科的入学条件：雅思 5.5 分或托福 500 分或优秀的在校记录，学生须年满 17 岁。课程持续时间为一整年，全天上课，9 月至次年 7 月。该课程是针对不具备在英国就读本科专业要求的学生设立的，该课程包含相关专业的书面学习、就读专业的学习技能以及相关语言技能。学生将顺利通过雅思考试，获得约克国际基础教育证书从而进入约克就读。成功通过考试的学生可从以下专业中选择一门就读：生物化学、生物学、商科、化学、经济学、教育学、卫生学、法律、数学、管理、政治、社会学、物理学、心理学、公共政治学。学校将通过考核学生的论文、平时作业成绩、社会实践以及卷面成绩对学生进行评估。申请研究生课程的中国学生 GPA 要超过 80%，多数学院都是这个要求，而经济学院则要求学生的 GPA 达到 85%。

问题： 什么样的人最适合写推荐信？

加雷思： 据我们的有关报告，大部分的是学术性推荐人。学生们可以根据自身情况选择合适的推荐人，只要能提供我们要求的信息就可以。在申请时，学生应该准备两封学术性推荐信。一封需要有细节证明你有能力学习即将申请的专业。学生还需在申请中寄来每位推荐人的相关介绍。需要用信纸写推荐信，在信封的封章上应该有签名。

问题： 如果有些学生没能达到约克大学的语言要求，还有机会进入约克大学吗？比如通过预科或语言培训？

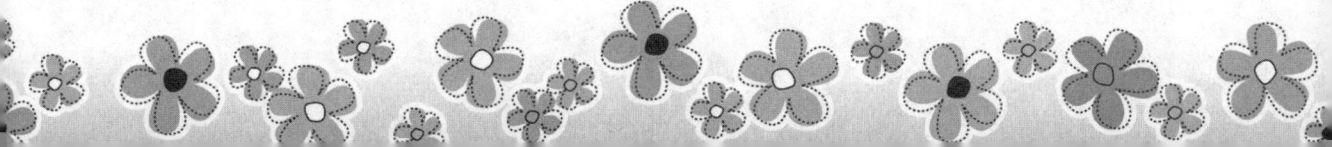

加雷思：如果有些学生没能达到约克的雅思要求，还是有机会通过预科课程的学习进入约克的。但相关培训课程有限，经常会被学生提前预订满。

附　录

学长有话说

学长有话说 1

一个月世界排名提升 153 名！

学生背景： 普通的 211，本科冷门专业，有英语双学位，均分 70＋，有相关教育工作经验。第一次在其他机构的申请下，只拿到了世界排名 160 位的巴斯大学的录取通知书，第二次在我们的帮助下，成功申请到了世界排名第 7 位的 UCL（伦敦大学学院）。

申请背景

先介绍一下自己的背景吧，很普通的 211 院校，本科是冷门专业，与申请的对外英语教学专业完全不沾边，虽然有英语双学位，但均分很低，只有 70 几分；有相关的教育机构的工作经验。

当时心理预期是只要能拿到全球排名前 100 名学校的录取通知书就可以啦，没想到能拿到 UCL 的，真是想都不敢想！所以写一下经验贴，希望能帮助到更多的小伙伴们。

我很久之前就准备出国了，去年准备申请金融相关，雅思考了两次考到 6.5 就没有再刷，当时花了一万多元在其他机构申请，最开始保底学校就把我拒了。真的很心塞，总而言之，很累心的一次申请经历。

所以今年我换专业申请。在我参加的备考群里，大家都会交流。因为我是自己准备材料，知道其实申请阶段最重要的就是文书老师准备的材料，合作机构确实是有学校佣金的，所以我觉得能免费申请简直是太好了！

申请非 G5 的学校我首先考虑的就是中介费，还有申请学校的数量和口碑，自己办签证有点儿麻烦所以我就不想再自己准备了。我的经验是找一家信得过的留学中介机构，帮助前期文书和流程的准备工作，会省很多的精力。

申请过程

因为我之前一直犹犹豫豫，家里一直主张我读商科，但我比较喜欢教育行业，在经历反复挣扎以后就已经到 10 月底了。这个时候我下决心申请，并请中介机构的老师帮我定校。因为我背景一般，所以当时冲刺学校定的是爱丁堡大学。我的文书老师非常专业，要了我的一些材料，让我仔细填写并努力回忆有闪光点的地方，好帮我在文书里面最全面地展示出来。

递交申请的过程都很顺利，文书也是第一稿就通过，我觉得老师不愧是专业的，完全挑不出毛病。

后来我在微博上看有申请 UCL 的，当时就咨询顾问老师我可不可以申请，老师说可以试试冲刺一下。就这样我又加了一所，而且 **G5 的文书和其他学校是不一样的，是高端申请**，我看了一下真的写得非常好，我觉得文书老师的写作怎么也得有雅思写作 8 分吧。一看就是有过海外留学经历的老师写的，非常地道。当时我想虽然机会很渺茫，但试试也不亏，就这样我开始了我漫长的等待之旅。

说实话等的过程，第一个月还好，毕竟是申请过的人了，不至于没经验。但是中间收到一封拒信之后我就开始焦灼不安，真的是每天数日子过，生怕其他学校把我拒了，怕系统更新老师没看到或者是邮箱出错，然后开始后悔当初申请教育学就好了，因为教育学没有那么挑背景专业，像我这种跨专业申请对外英语教学专业真的很容易"悲剧"。

没错，就是这么焦虑，用万念俱灰来形容自己真的一点儿都不为过，真的感觉自己就是一条咸鱼……还好我们的顾问老师、文书老师都非常有耐心，说审理 8 周都属于很正常的事情，而且中间还有圣诞节放假，会延迟一些。所以和我一样的小伙伴们一定要耐心等待，不要让老师去催学校，更不要偷偷给申请学校的招生办公室写信，要有信心。

说实话我的心里预期一直都是只要考入排名前 100 位的学校就可以了，但今天收到伦敦大学学院的录取通知真的惊呆了，看到录取通知书的时候真得反反复复确认了好几次，不敢相信啊！虽然申请 G5 需要额外交申请费，但真觉得太值了。

最后给小伙伴们一些小建议。

1. 申请还是越早越好。其他人都 9 月就开始申请了，这样等的过程会安心考雅思，我今年申请就是害怕3月份还一个录取都没有，申请不了语言班，还要雅思成绩达到7分（6.5）换无条件录取，那真的是会压力很大，而且还有其他的证书要考。

2. 雅思越早考越好，分数越高越好，千万不要考一个差不多的成绩就懒得刷题了，最后坑的还是自己。因为你永远想不到你下一步做什么，如果我现在已经有雅思四个7的成绩，我应该还会申请杜伦，毕竟杜伦真的很美呀！

3. 如果打定主意留学，越早了解相关信息越好，这样可以提早做规划，你的各项申请材料也有充分的时间可以准备。

更多留学内容可扫二维码观看

学长有话说 2

那些年走过的弯路，都是中介忽悠时的套路！

学生背景： 山东双非院校，在校均分 86，新闻专业，毕业两年且没有新闻行业相关从业经验，通过优质中介机构申请到莱斯特大学和谢菲尔德大学的传媒专业录取通知。

走过的弯路

2015 年 5 月份，我决定出国学习，经过多方的查询，找了金某某公司。从咨询到决定签协议，大约两个多月的时间，在这期间，顾问老师像问安一样，每个周末都打电话"关怀"我，这种甜蜜的氛围持续到我签协议。

签完协议后，顾问老师变了一副嘴脸，一个月都没有联系我，要翻译的成绩单、毕业证也没有及时翻译，甜蜜的氛围变成了我泼妇式的催促，更令人生气的是，顾问换了一个又一个，找不到哪个人在负责我的留学申请，每次都是主动电话追问自己的进度。后来因为个人原因，没有出国。

在这次的准备过程中，雅思语言培训班报了 6 人班，学习之前 5 分水平，一个月的学习之后还是 5 分。从此，对没有亲身经历的机构有了戒备之心，不敢轻易选择。**总觉得找个靠谱的机构比找男朋友都难。**

经验总结

1. 找一家专业中介机构。我的幸运之处就是找到了一家十分靠谱的中介。这家中介从一开始就帮我建立了专属微信群，由四位老师负责安排整个行程，从开始准备材料到国外的接机甚至住宿，都为我安排得妥妥帖帖。完全像是贴心大管家。

2. 配合中介老师的工作，让他们熟悉我的特点和申请进度，事半功倍。2017 年 11 月 29 日，我将所需资料准备完毕；12 月 1 日，我收到了莱斯特大学的录取通知；12 月 7 号，我收到了谢菲尔德大学的录取通知。仅仅 8 天，我成功收获了两所心仪大学。

3. 中介机构一定要货比三家。上一次的申请过程中，我花了 1.7 万元（申英国）的费用（含 3 所学校）之外，多一所学校再加 1000 元，共花费 1.9 万元，申请了 5 所学校。这次，我只预付了 3000 元保证金就申请到了 5 所学校，入学后不仅保证金全额返还给了我，还获得了 2000 元的奖学金。所以我觉得自己其实就是那个幸运儿。